Дерек Принс

ВЕХИ МОЕЙ ЖИЗНИ
УВЕРЕННОСТЬ В БОЖЬЕМ
ИЗБРАНИИ

КНИГИ ДЕРЕКА ПРИНСА
переведенные на русский язык

Наименование:

Как найти план Божий для своей жизни

Как правильно поститься

Как применять кровь Иисуса

Как слышать голос Божий

Крещение в Святом Духе

Кто позаботится о сиротах, бедных и угнетенных?

Люцифер разоблаченный

Мужья и отцы

Мы будем изгонять бесов

Наш долг Израилю

Обмен на кресте

Отцовство

Погребение посредством крещения

Последнее слово на Ближнем Востоке

Пособие для самостоятельного изучения Библии

Пророческий путеводитель Последнего Времени

Путь ввех — путь вниз

Путь посвящения

Пятигранное служение

Расточительная любовь

Сборник №1: Первое поприще / Колдовство — враг общества №1 / Чужой епископ

Сборник №2: Духовная слепота: причина и лечение / Как проверять необычные проявления / Хлебопреломление

Святой Дух в тебе

Святость

Сила провозглашения

Согласиться с Богом

Струны арфы Давида

Судить: где? когда? Почему?

Твердое основание христианской жизни

Уверенность в Божьем избрании

Церковь Божья

Шум в церкви

Дерек Принс

Вехи
моей жизни

Уверенность
в Божьем
избрании

2011

PAGES FROM MY LIFE'S BOOK /
SECURE IN GOD'S CHOICE
Derek Prince

Derek Prince Ministries – International
P.O.Box 19501
Charlotte, NC 28219-9501
USA

ВЕХИ МОЕЙ ЖИЗНИ /
УВЕРЕННОСТЬ В БОЖЬЕМ ИЗБРАНИИ
Дерек Принс

Переведено и издано
Служением Дерека Принса на русском языке
Translation and publication by Derek Prince Ministries – Russia

Вы можете написать нам по адресу:
Служение Дерека Принса
а/я 72
Санкт-Петербург
191123
Россия

Служение Дерека Принса
а/я 3
Москва
107113
Россия

ISBN: 978-1-78263-059-3

Вы можете обратиться к нам через интернет:
info@derekprince.ru

или посетить нашу страницу:
www.derekprince.ru

DEREK
PRINCE
MINISTRIES
RUSSIAN WORLDWIDE

СОДЕРЖАНИЕ

Вехи
моей жизни

Часть I

ПОИСКИ ИСТИНЫ

1. ВАЖНОСТЬ ЛИЧНОГО СВИДЕТЕЛЬСТВА

Мой личный опыт в моем хождении с Богом построил мою веру и определил мою судьбу.

Начну с рассказа о моих личных поисках истины, когда я был молодым человеком.

Но прежде чем переходить к какому-либо личному опыту, мне бы хотелось подчеркнуть один очень важный принцип из Писания: Бог ожидает от нас, христиан, что мы будем делиться своим личным свидетельством с окружающими.

В Книге Деяний 1:8 записаны последние слова, которые Иисус сказал Своим ученикам, стоя вместе с ними на Масличной горе, прежде чем Он был забран на Небеса. Я всегда чувствую, что есть что-то особое в последних слова, которые произносит человек близким ему людям, прощаясь с ними. Поэтому я всегда предавал большое значение этим последним словам Иисуса, записанным в Деяниях 1:8:

Но вы примете силу, когда сойдет на вас Дух Святый; и будете Мне свиде-

телями в Иерусалиме и во всей Иудее
и Самарии и даже до края земли.

Думаю, совсем не случайно, последними словами, которые слетели с уст Иисуса были слова: *«даже до края земли»*. Иисус предполагал, что свидетельство о Нем и Его Евангелие будет донесено до каждого народа, до каждого племени, до всех людей, где бы они ни жили по всему лицу земли. Вот на чем было сфокусировано Его сознание, когда Он покидал Своих учеников. И Он дал им очень простую инструкцию, состоящую из двух пунктов, как выполнить эту задачу.

Во-первых, каждому верующему необходимо лично получить усиление от Духа Святого. Это очень практично. Послание, которое мы, христиане, должны нести миру, является сверхъестественным. Оно сосредоточено вокруг сверхъестественных событий — смерти и воскресении Иисуса — поэтому это свидетельство нуждается в сверхъестественной силе, чтобы стать реальным и явным для тех, к кому обращено. Сверхъестественная сила, которую Бог делает доступной и какой Он наделяет нас — это сила Святого Духа.

Во-вторых, каждый верующий свидетельствует окружающим, что Бог сделал для него. Затем этот процесс повторяется. Каждый услышавший свидетельство и поверивший ему, в свою очередь получает силу Святого Духа, чтобы свидетельствовать следующим, а те в свою очередь, уверовав и приняв силу Святого Духа, идут и говорят следующим.

Если христиане будут верны повелению Иисуса, тогда свидетельство о Нем, послание Евангелия, действительно сможет достичь самых отдаленных краев земли.

Нам необходимо провести очень важное различие между свидетельством и проповедью. Проповедь — это провозглашение истин Писания, и я верю, что это является служением, к которому Бог призывает не всех, а лишь некоторых Своих слуг. Они имеют конкретное призвание к проповеди. Но свидетельство — это нечто другое. Свидетельство — это личный рассказ о своей жизни, о пережитом. Свидетельствовать это значит рассказывать другим людям, что Бог сделал в нашей жизни. Хотя не все христиане призваны стать проповедниками, но все истинные христиане должны стать свидетелями.

Затем, обратите внимание, что Иисус не сказал *«вы будете свидетельствовать»*, Он сказал, что *«вы будете свидетелями»*. Другими словами, это не просто слова свидетельства, которые мы говорим, но наша жизнь, которая свидетельствует об Иисусе и о том, что Он сделал. Честно говоря, если люди не живут такой жизнью, то в некоторых случаях им было бы лучше вообще не слишком много говорить о своей вере! Итак, план Иисуса заключается в том, что каждый из нас должен быть Его свидетелем, где бы он ни находился: дома, на работе, в школе или в университете. Иисус хочет чтобы мы были Его свидетелями на всяком месте, и словом и своей жизнью свидетельствуя о том, что Он сделал в нашей жизни.

Интересен тот факт, что христианская вера за три столетия покорила всю Римскую империю. Вне всякого сомнения, Римская империя являлась одной из самых сильных, гордых и долговечных империй в истории человечества. В свое время она казалась сгустком силы и власти. Несмотря на это, после того, как Иисус сказал Свои последние слова на Масличной горе небольшой группе людей, менее чем через три столетия вся империя склонила свои колени перед именем Иисуса, сына бедного еврейского плотника. Сам римский император опустился на колени перед именем Иисуса, Который был сыном еврейского плотника, и был распят на кресте римскими солдатами по приказу римского правителя. Казалось бы, что такое просто не может случиться, и тем не менее, христианство покорило Римскую империю. Каким образом? Не при помощи восстания или революции, не при помощи демонстраций и маршей протеста, но с помощью духовного оружия.

Полагаю, что вероятно самым универсальным и эффективным из всего набора духовного оружия было свидетельство первых христиан. Они происходили из самых разных слоев населения, разных народов, культур, религий, но со всеми ними произошло одно: они повстречались с Иисусом и Он изменил их жизни. Весь античный мир не смог противостоять влиянию их свидетельства.

Мы читаем о Божьей цели для Церкви в Послании Ефесянам 3:10:

Дабы ныне соделалась известною через Церковь начальствам и властям на небесах многоразличная премудрость Божия...

Именно через Церковь Бог собирается продемонстрировать всей вселенной Свою мудрость, и Библия называет эту мудрость *«многоразличной»* или *«многосторонней»*.

Мудрость Божья подобна бриллианту, который имеет много граней и каждый верующий является одной особой гранью этого бриллианта. Каждый верующий отражает какую-то особую сторону Божьей мудрости и делает он это через свое свидетельство.

Говоря о важности личного свидетельства, мне бы хотелось упомянуть о той ответственности, которая в первую очередь возлагалась на апостолов, о той первоначальной задаче, ради которой Бог избирал и назначал апостолов. После предательства и самоубийства Иуды, возникла необходимость назначить другого человека апостолом вместо него. Тогда Петр обратился к собранию верующих, объясняя почему это надо сделать и какого рода человека необходимо избрать на место Иуды. Вот слова Петра в Деяниях 1:21-22:

Итак надобно, чтобы один из тех, которые находились с нами во все время, когда пребывал и обращался с нами

Господь Иисус, начиная от крещения Иоаннова до того дня, в который Он вознесся от нас, был вместе с нами свидетелем воскресения Его.

«Свидетель» и «воскресение» — это два ключевых слова. Итак, апостол в первую очередь должен быть не проповедником или учителем, — это вторично, — в первую очередь апостол должен быть свидетелем, видевшим и слышавшим Самого Иисуса. Те первые апостолы должны были быть свидетелями жизни и служения Иисуса от времени Его крещения у Иоанна до Его смерти и воскресения. Однако самым важным из всего того, чему они должны быть свидетелями — это воскресение Иисуса. Воскресение является центральным фактом христианской веры. Воскресение Христа — это та хорошая новость, которую было необходимо услышать всему миру.

Мне приходит на память христианский гимн, который я очень люблю. Он заканчивается такими словами: *«Пусть Книга Жизни не закроется до тех пор, пока весь мир ни узнает, что Он воскрес. Да, Он воистину воскрес!»* Моя молитва о том, чтобы каждый человек на лице земли услышал этот жизненно важный факт из истории человечества, что смерть была побеждена и что Иисус воскрес. Этот факт изменяет жизни, несет надежду и мир туда, где царит отчаянье, одиночество и безнадежность.

Давайте посмотрим, что сказал Анания

будущему апостолу Павлу, когда тот еще был Савлом из Тарса. В городе Дамаске Бог послал христианина по имени Анания помолиться за Савла, чтобы к тому могло вернуться зрение. Вот свидетельство самого Павла, записанное в Деяниях 22:14-15:

Он же сказал мне: Бог отцов наших предъизбрал тебя, чтобы ты познал волю Его, увидел Праведника и услышал глас из уст Его, потому что ты будешь Ему свидетелем пред всеми людьми о том, что ты видел и слышал.

Снова обратите внимание на то, в чем заключалось первоначальное призвание в жизни Павла. Не в том, чтобы быть проповедником, но в том, чтобы быть свидетелем перед всеми людьми о том, что он видел и слышал. Свидетель — это тот, кто говорит о том, что сам видел и слышал.

Затем, немного позже мы читаем слова Павла, которыми он защищался перед царем Агриппой, Деяния 26:22-23:

Но, получив помощь от Бога, я до сего дня стою, свидетельствуя малому и великому, ничего не говоря, кроме того, о чем пророки и Моисей говорили, что это будет, то есть что Христос имел пострадать и, восстав первый из мертвых, возвестить свет народу Иудейскому и язычникам.

Как видите, Павел свидетельствовал

всем, малым и великим — не было никого, кто был бы слишком велик или слишком низок. Его свидетельство было направлено к двум источникам: во-первых, к пророкам и Моисею (это Писание), во-вторых, к смерти и воскресению Иисуса Христа. Наше свидетельство должно быть таким же самым.

2. ПОИСКИ В ФИЛОСОФИИ

Я родился в Индии, в семье британского офицера во время Первой Мировой войны. Все мои родственники были военными. Я ни разу не встречал ни одного мужчину из моей родни, который бы не был офицером британской армии. Я стал первым исключением из этого правила.

Вскоре, когда война закончилась, моя семья отправила меня домой в Британию ради пользы для моего здоровья и ради моего образования. Именно образование стало определяющим фактором для следующих двадцати лет моей жизни. В возрасте девяти лет меня отдали в школу-интернат и вплоть до двадцати пяти лет я проводил основную часть времени в различного рода образовательных учреждениях закрытого типа, это были школы, колледжи и университеты.

В возрасте тринадцати лет я занял первое место на экзаменационном конкурсе для мальчиков моего возраста, проводимом по всей Британии. После этого меня причислили к сливкам высшего класса интеллектуалов Британии, и я стал стипендиатом Итон-

Колледжа. Это было самое старое, самое большое, самое дорогое, самое выдающееся, и, наверное, самое напыщенное мужское учебное учреждение закрытого типа в Британии.

В возрасте восемнадцати лет я победил на другом конкурсе и мне был дарован грант Кингз-Колледжа Кембриджского университета. Моей основной специализацией была греческая и римская античность.

Помню, что я начал учить латынь когда мне было девять лет, а греческий язык — когда мне было десять. От меня ожидалось, что в возрасте тринадцати лет я буду в состоянии писать стихи как на латинском, так и на греческом языке.

Все эти годы мне надлежало посещать государственную церковь Англии, — англиканскую церковь. В действительности, я не знал больше никакой другой церкви. Все свои школьные годы мы были обязаны посещать церковь один раз в каждый день и дважды в воскресенье, — итого, восемь раз в неделю.

Наблюдая за людьми в церкви, я постепенно пришел к разочарованию. Когда я стал подростком, у меня стала появляться типичная подростковая тенденция к критицизму, бунтарству, недоверию к авторитетам и к старшему поколению. Никогда не забуду, как каждое воскресенье утром в церкви мы должны были молиться особой совместной молитвой, в которой мы должны повторяли такие слова: *«Прости нас, несчастных пре-*

ступников и жалких грешников…». Когда мне было тринадцать или четырнадцать лет, я наблюдал как люди вокруг меня говорили: *«Прости нас несчастных преступников и жалких грешников…»* и думал: *«Судя по всему, это действительно несчастные люди…».* А затем я думал про самого себя: *«…и я действительно преступник и грешник».* У меня не было никаких сомнений по этому поводу. Я знал, что делаю всякого рода вещи, которых делать не должен. Однако потом я пришел к такому выводу, что могу быть преступником и без религии, при этом не становясь таким несчастным. Вот такое тайное решение я принял.

Пока я оставался в Итоне, у меня не было выбора, и я должен был посещать церковь каждый день и два раза в воскресенье. Но внутри себя я сделал вывод: христианство — это безвредное времяпровождение для старых дев как женского, так и мужского пола!

Еще я описывал христианство как костыль, который используют слабоумные люди для того чтобы проковылять по жизни. Но ведь я не слабоумный, я не нуждаюсь в костылях, и намерен отбросить его в сторону как только мне представится такая возможность.

В Кембриджском университете посещение церкви было не обязательным, поэтому я взял костыль христианства и забросил так далеко, как только мог. Однако внутри меня всегда было жгучее осознание того, что где-то должен быть смысл и цель жизни. Где же искать его? Христианство, которое я знал, не смогло дать ответ. Но все-таки где-то он должен быть. Где же искать?

Тогда я решил, что философия имеет ответ, поэтому начал изучать философию. Большая часть философии, которую я изучал, была связана с Платоном, который несомненно был одним из самых выдающихся умов в истории человечества. Я мог читать Платона в греческом оригинале и прочитал каждое слово, какое он написал по-гречески, — а это очень много слов. Я сочетал мое изучение классической философии с различными формами современной философии.

В те дни была в моде такая форма философии, которая называлась «логический позитивизм». В действительности она концентрировалась на поиске правильного значения слов. Основная идея этой философии заключалась в том, что если вы будете понимать действительное значение слов, то вы легко станете философом. Это было чудаковатое и замысловатое занятие. Помню как в Кембриджском университете мы тратили целый семестр дискуссируя, можем ли мы знать о том, действительно ли стол, за которым сидит профессор, находится в нашем кабинете философии. И, насколько мне помнится, мы так и смогли решить эту проблему. Итак, и философия не дала ответ, а только привела меня в замешательство.

Я был интеллектуально обрадованным

молодым человеком, и всегда чувствовал себя как дома в мире слов и сложных фраз. Я всегда был самым успешным студентом на своем факультете. В течение двух лет я получал главную награду отличия моего университета за исследования в области философии, которой и один раз удостаивались очень немногие люди. Говорю об этом не для того, чтобы похвалиться, но чтобы показать, что источником моего разочарования был вовсе не недостаток интеллекта и образования.

Тогда, обнаружив, что философия скорее всего не дает действительно ясного и положительного ответа, я обратился к восточным культам и системам, которые лишь сравнительно давно стали очень популярны в нашем современном обществе. Я почти на целое поколение опередил многих, хотя на тот момент не осознавал, что обгоняю моду, которая спустя несколько десятков лет просто захлестнет западное общество. Я обратился к *йоге*, *теософии* и даже к африканскому культу *вуду*. Когда я оглядываюсь назад, то у меня вызывает если не смех, то по крайней мере улыбку то, насколько наивным я был в те годы. Со всем усердием я занимался йогой, практиковал медитацию и различные позы. Но в конечном итоге я опять испытал разочарование. Мне удалось получить определенный сверхъестественный опыт, однако это не сделало меня счастливым. На самом деле, казалось что все это сопровождалось некой мрачной депрессией, которая воцарилась вокруг меня.

Большой проблемой для меня было то, что во многом я был идеалистом. Когда я изучал Платона, то мог видеть его идеальную картину идеального города, идеального государства, идеальных законов, идеального правительства. Все это мне действительно нравилось. Но оттуда мне всегда приходилось спускаться на землю, и всякий раз я с глухим стуком сталкивался с далеко не идеальной действительностью! Я оказывался лицом к лицу с горькой реальностью, которая касалась не только других людей, но, что хуже всего, и самого меня. Мы все были настолько далеки от идеала, что мысль об этом просто не могла не повергнуть меня в глубокое уныние. Мне не удавалось найти мост через огромную пропасть между идеалом и действительностью.

Одним из результатов этого стало то, что я заработал хроническое нарушение пищеварения. Меня очень тщательно исследовали в одном из самых лучших госпиталей Британии. Врачи сделали всякого рода рентгеновские снимки и провели всевозможные анализы, но не нашли никакой медицинской причины моего расстройства пищеварения, поэтому не смогли назначить лечение. Полагаю, что это была эмоциональная реакция на разочарование, которое я переживал созерцая идеал и видя то, насколько, на самом деле, далека наша действительность от этого идеала.

Единственное средство, которое я смог

найти, от этого давления и нарушения пищеварения — это было виски. В нашем доме виски никогда не считалось чем-то необычным — оно воспринималось как вполне нормальная вещь. Никто не считал употребление виски чем-то постыдным. Помню, как в возрасте примерно шестнадцати лет я тайком, пока никто не видел, брал немного виски, которое, кстати, никуда не пряталось, наливал в стакан и примешивал туда немного пенящейся соды. Затем я выпивал это и сразу же чувствовал себя на сантиметров пять выше. Однако когда мне перевалило за двадцать мне уже требовалась целая бутылка виски для того чтобы получить тот же эффект, какого я достигал при помощи небольшого количества виски несколько лет раньше.

Наконец, когда я уже не мог переносить это напряжение между идеалом и действительностью, мы с другом брали бутылку и могли слушать классическую музыку и пить виски. Когда заканчивалась первая бутылка, мы могли перейти ко второй. У меня был один друг, который очень хорошо разбирался в музыке. В те времена не было музыкальных центров, и для того, чтобы получить самое лучшее звучание вы должны были вставить в свой граммофон или фонограф девятифутовую трубу. Итак, мы садились друг напротив друга, над нашими головами возвышалась эта огромная труба, которая издавала чудесные звуки, а мы пили виски, смотрели друг на друга и размышляли о том, а не в этом ли заключается смысл жизни.

Оглядываясь назад, могу сказать об этом периоде моей жизни следующее: я достиг выдающихся успехов в образовании и был самым молодым среди тех, кого когда-либо избирали на должность научного сотрудника в Кингз-Колледже Кембриджского университета. Возможно для людей, живущих за пределами Британии, это мало о чем говорит, но для Британии это очень высокий уровень академического признания. Я сравнялся по уровню с профессорами своего университета и стал членом ученого совета моего университета. Итак, я достиг успеха, у меня была определенная репутация. Я написал диссертацию о том, каким методом пользовался Платон для формулировки и о развитии этого метода. Я знал много сложных слов и фраз. Я перепробовал многое в своей жизни. Но, оборачиваясь назад могу сказать: я пребывал в замешательство и разочаровании, зашел в тупик и разуверился во всем, и просто не знал, где искать ответ.

3. АРМИЯ И БИБЛИЯ

На этой стадии моей жизни разразилась Вторая Мировая война, которая погрузила в смятение и хаос всю Европу. Эта война мгновенно изменила миллионы жизней, в том числе и мою. Я осознавал, что вскоре буду призван в британскую армию. Многие годы до этого я размышлял, что буду делать, если возникнет такая ситуация. Мне всегда представлялось правильным отказаться от военной службы по моральным соображениям. Однако, учитывая мнение и историю моей семьи, это было очень трудное решение. В своем решении я не основывался на христианстве, но на философии.

В конечном итоге я отказался брать оружие в руки и предстал перед армейским трибуналом. Мои доводы были признаны весомыми и меня зачислили в армейский медицинский корпус в качестве санитара, заверив меня, что мне никогда не придется брать в руки оружие. Вот так заканчивался этот этап моей жизни. Вскоре я должен был покинуть Кембриджский университет и меня ждала совершенно другая жизнь, совершенно другое окружение и неизвестное будущее.

Однако больше всего меня беспокоило то, что мне придется оставить огромные библиотеки, где проходила большая часть моей жизни. До этого времени всегда в моем распоряжении были самые большие и лучшие библиотеки в Европе, я мог получить любую книгу, какую хотел. Теперь же меня ждала британская армия и я знал, что должен буду носить все свои пожитки на себе в армейском вещевом мешке, а книги очень тяжелы. Конечно же, мне не хотелось обвешаться множеством книг и тащить их все на себе, но, тем не менее, мне просто необходимо было взять что-то почитать.

В тот момент я рассуждал сам с собой как философ: *«В мире есть одна книга, ко-*

торую больше всего читают и которая оказала больше влияния на человеческую историю, чем любая другая книга. Это философская книга, но я не слишком хорошо знаком с ней. Я просто обязан изучить ее». Знаете какую книгу я имел ввиду? Библию. И я очень рад, что даже тогда смог признать уникальное значение Библии в человеческой истории.

Несомненно, Библия являлась тем, чем я ее считал — самой распространенной и читаемой в мире книгой, которая оказала самое большое влияние на историю человечества. Поэтому я решил, что это просто мой профессиональный долг, как философа, взять с собой Библию и читать ее в армии. Я купил прекрасную новую Библию и забрал ее в армию вместе с собой.

Однако на тот момент я не осознавал, что когда кто-то читает Библию в армии, то тем самым он вызывает к себе пристальное внимание сослуживцев. Мне никогда не забыть мою первую ночь в казарме в окружении примерно двадцати четырех других новобранцев. Я сел на кровати, открыл свою Библию и начал читать ее. Я задал самому себе вопрос: «Откуда следует начинать читать книгу?», и ответил самому себе: «С первой главы». Поэтому я начал читать с первого стиха первой главы Бытия. Но по мере того, как другие солдаты обращали внимание на то, что я читаю Библию, в казарме начала воцаряться необычная тишина и все глаза устремились на меня. Однако странным при этом было то, что прежде чем открыть Библию, я жил жизнью, которая была очень непохожа на жизнь человека, который читает Библию. Мне стыдно это признавать, но оборачиваясь назад я могу сказать, что к тому моменту я стал очень много принимать виски. Я не был алкоголиком, но всякий раз, когда мне было плохо я обращался к виски за облегчением, а облегчение я мог получить только в том случае если приму большое количество виски. Еще хуже было то, что во мне укоренилась привычка ругаться. Говорю об этом с глубоким сожалением и стыдом, но я постоянно использовал грязные и богохульные выражения. Еще до призыва в армию мое состояние было плохим, а после шести месяцев, проведенных там, оно стало просто ужасным. Надо сказать, что британская армия это наверное самая богохульная группа людей, которую можно найти среди всего населения земли. И я был ничем не лучше остальных.

Итак, вот таким я был тогда: читал Библию, пил виски, ругался, приводил в заблуждение других людей и самого себя. Однако, чтение Библии снова сбило меня с толку. Это была первая книга, которую я читал и не понимал. Я просто не знал, как классифицировать ее. Это историческая книга? Сборник мифов? Поэтический сборник? Или философский труд? Похоже, что она не умещалась в рамках ни одной из этих категорий. Я находил чтение Библии очень утомительным и скучным делом, однако был одним из тех, кто приняв решение, не хочет сдаваться. Я сказал себе: *«Ни одной книге не одолеть меня. Я начал читать эту книгу и собираюсь прочитать ее с самого начала до самого конца»*. Итак, каждый день я садился и читал Библию, — страница за страницей, не пропуская ничего, начав с первого стиха первой главы Бытия. Примерно через девять месяцев моего пребывания в армии, когда мне уже удалось добраться до Книги Иова, в моей жизни произошли события, которые оказали радикальное влияние на всю мою оставшуюся жизнь.

В те дни моя часть была переведена в другую часть Англии, в графство Йоркшир. Я рос в южной Англии, и никогда не был на ее севере. Я обнаружил, что люди, живущие в Йоркшире, удивительно дружелюбны и гостеприимны. Они приглашали нас, солдат, к себе домой на обед. И делали другие подобные вещи. Однажды меня пригласила к себе дом одна семья. Это были христиане, — не такие христиане, которых мне приходилось знать до этого. Во-первых, это были очень простые, необразованные люди (это было очевидным для меня), но в них было что-то необычное. Я не мог выразить словами, что это было, но я почувствовал это как только встретился с ними и вошел в их дом.

Они пригласили меня к себе домой, и когда мы сели вокруг стола, первое что они сделали, они помолились над пищей. До этого я никогда не посещал домов, где кто-нибудь молится над едой, но не смутился от этого и после молитвы с радостью приступил к пище. Затем, по окончании принятия пищи, без всякого предупреждения они начали молиться опять. Вокруг этого большого овального стола было собрано около семи или восьми человек и, к своему ужасу, я осознал, что они молятся по очереди и моя очередь приближается, — и приближается очень быстро!

До этого я никогда в жизни не молился вслух в присутствии других людей, и у меня не было никакого представления, что говорить или что делать. Думаю, что не будет преувеличением сказать, что меня охватила паника. Когда пришла моя очередь, я открыл свой рот и вдруг выдал следующее: *«Господь, я верю. Помоги моему неверию»*. После того, как я сказал это, мой рот захлопнулся как ловушка, и я не мог сказать больше ни слова. Я подумал: *«Откуда у меня взялись эти слова? Как я вообще смог сказать такое?»*

Как бы там ни было, меня очень заинтересовала личность хозяйки этого дома. Это была маленькая хрупкая женщина лет около шестидесяти, которая явно прожила достаточно тяжелую жизнь. Она рассказала мне то, что совершенно шокировало меня. Она рассказала, что во время Первой Мировой войны медицинская комиссия освободила ее мужа от военной службы, потому что врачи обнаружили в одном из его легких туберкулез. Я хорошо знал о том, что для того чтобы получить освобождение от военной службы необходим серьезный медицинский диагноз. Затем она сказала мне: *«Я молилась за своего мужа каждый день в течении десяти лет»*. Тут я подумал: *«Как может кто-то молится о чем-то каждый день в течении десяти лет?»* В моей голове просто не умещалось такое. Однако затем она рассказала мне такое, что было еще более удивительным. Она сказала: *«И вот однажды, спустя десять лет, после того как я начала молиться за мужа... Я молилась в комнате одна, — мой муж сидел на своей кровати в спальне, его спину подпирали подушки и он сидя кашлял кровью... Так вот, когда я молилась слышимый голос проговорил ко мне такие слова: «Провозгласи исцеление!» Затем она сказала: «Я сказала вслух: «Господь, я провозглашаю его прямо сейчас!» И когда она сказала это в своей комнате, ее муж, который находился на кровати в другой комнате, был исцелен от туберкулеза. Когда он прошел обследование у доктора, тот сказал ему, что то его легкое, которое раньше было поражено туберкулезом, находится в лучшем состоянии чем то, которое было здоровым».*

Это были всего лишь простые, бесхитростные люди. Могу сказать, что они были неспособны на лукавство или обман. И когда я услышал историю этой женщины о том, что она молилась десять лет за своего мужа и он был исцелен от туберкулеза, что-то внутри меня сказало: «*Не то ли это, что ты ищешь?*» И я подумал: «*Может быть и так!*» Но порой я просто не мог понять смысл того, о чем говорили эти люди. Могу сказать честно, что если бы они говорили на греческом, то я мог бы понимать их гораздо лучше. Они не могли объяснить мне то, что они имели и как они это получили на доступном мне языке.

4. ВСТРЕЧА С ИИСУСОМ

Побывав в христианской семье в Йоркшире я осознал две вещи: во-первых, для них Библия была наполненной смыслом, современной книгой; во-вторых, что они имеют реальные, личные взаимоотношения с Богом. Я чувствовал себя немного обманутым, потому что после стольких лет проведенных в самом большом британском университете я не мог понимать Библию, а эти люди — могли. Я спрашивал себя самого: «*Не этого ли ты искал?*» Но когда я задавал этот вопрос, мой разум сразу же начинали осаждать три других вопросов. Я начинал думать о последствиях моего вовлечения в этот «что-то», что было у этих людей и я понимал, что это «что-то» влияло на всю их жизнь.

Эти три вопроса можно выразить так: 1) Если ты окажешься вовлеченным в это, тогда что случится с твоей университетской карьерой? 2) Что скажут твои друзья? 3) Наконец, — и это было хуже всего, — что скажет твоя семья? Для них уже было позором то, что ты оказался воевать за свою страну, за которую проливали кровь многие поколения твоих предков, но что будет если ты вдобавок к этому еще станешь религиозным фанатиком?

Эти вопросы бомбардировали мой разум и порой я почти не осознавал где нахожусь, и что со мной происходит. Я проходил через глубокий внутренний конфликт между желанием иметь то, что имели эти люди, и страхом перед последствиями от вовлечения в это. Я постоянно говорил себе самому: *«Что будет с моей карьерой? Что будет с моими друзьями? Что будет с моей семьей?»*

Однако спустя четыре или пять дней (сейчас я уже не могу вспомнить, сколько точно дней прошло) у меня созрело окончательное решение. Его можно выразить так: *«Мне не важно, что произойдет с моей карьерой. Мне все равно, что обо мне скажут мои друзья. Мне все равно, что скажет моя семья. Я хочу этого «чего-то», что бы это ни было. Я не понимаю этого «чего-то», но что бы это ни было — я хочу этого!»*

Приняв это решение, я подумал: *«Как мне получить это «что-то»?»* Единственное, что мне приходило на ум — это помолиться. Поэтому однажды вечером, когда уже было достаточно поздно, я вошел в казарменную комнату, в которой кроме меня располагался еще один солдат, и я сказал себе: *«Ну что ж, я собираюсь молиться до тех пор, пока что-нибудь не произойдет».* У нас не было кроватей, мы спали на соломенных тюфяках, которые лежали прямо на полу. Я дождался пока мой сосед по комнате уляжется на своем матрасе и заснет. После этого я решил преступить к молитве. У меня был небольшой складной стульчик. Я поставил его напротив окна, сел на него, облокотился на подоконник и решил молится. И опять я оказался в полной растерянности.

Я осознал, что у меня нет никакого представления, как молиться. Я не знал кому молиться, что говорить, — я просто не мог начать. Наверное я просидел так целый час. Я сидел в спустившейся тьме. Это была середина лета и темно становилось очень поздно. Сидя во тьме, облокотившись на подоконник, в полной растерянности я пытался «сотворить молитву». Затем произошло нечто, что очень трудно объяснить. Когда я уже был готов сдаться, вдруг меня коснулась неизвестная сила. Я начал реально чувствовать ее присутствие. Говоря «сила» я подразумеваю нечто необычайно могущественное. Как только это произошло, мои руки начали подниматься, и когда они, под действием этой силы, поднимались вверх, я обратил внимание на то, что ладони моих рук были раскрыты вверх. Что-то внутри меня сказало: *«Почему ладони открыты и направлены вверх?»* И внутри прозвучал ответ: *«Сила свыше».* В то время я даже не знал, что в Библии есть такое словосочетание «сила свыше». Тогда, получив та-

кого рода откровение, я вдруг осознал, что меня коснулась сила свыше, и что вплоть до этого момента у меня никогда в жизни не было контакта с этой силой свыше.

В движении этой силы надо мной, я осознал присутствие Личности. Было похоже, что через эту силу ко мне пришла Личность. Я не знал, кем была эта Личность, но я знал, что это была та Личность, которая имела ответ для меня. Из моих уст помимо моей воли начали выходить слова: *«Пока не благословишь меня, не отпущу Тебя!»* Когда я произнес слова: *«Не отпущу Тебя!»*, что-то охватило меня и я уже не мог перестать повторять их снова и снова: *«Не отпущу Тебя!... Не отпущу Тебя!... Не отпущу Тебя!...»* Затем эта неведомая сила, которая подняла мои руки вверх, охватила все мое тело, подняла меня со стула и мягко уложила меня на пол, при этом мои руки оставались поднятыми вверх и я продолжал говорить: *«Не отпущу Тебя! Пока не благословишь меня, не отпущу Тебя!»* И Каким-то образом я знал, что встретил Личность, которую никогда до этого не встречал и которая имеет ответ на мои искания.

Когда я лежал на полу с поднятыми вверх руками, говоря с этой незнакомой Личностью первый раз в своей жизни, эта сила излилась на меня подобно океану. Было похоже, что меня погрузили на самое дно этой неведомой, невидимой, но очень реальной силы. Она прокатывалась надо мной подобно морским волнам.

Затем со мной случилось еще кое-что. Внутри меня, в самой глубине моего естества, что-то прорвалось, произошло какое-то высвобождение, как будто какой-то узел, который был завязан в течении многих лет, вдруг развязался. И эта сила начала течь по мне как река, унося с собой весь мусор и всю грязь. Это было похоже на реку, которая прорвала плотину и сметала и вымывала все на своем пути. Как будто тайные злые силы были смыты из моего тела внезапным прорывом этой реки — этой неизвестной, загадочной рекой силы.

Я был напуган и не понимал куда меня увлекает этим потоком, что еще ждет меня. Тем не менее, я продолжал говорить самому себе: «Я должен пройти дальше. Если я попробую остановить это, то возможно никогда уже больше не смогу зайти на эту глубину и пройти дальше». Внутри меня начало происходить странное: я начал всхлипывать. Из моих глаз потекли слезы. У меня не было никакого представления о причине моего плача. В моей разуме я не понимал причину, по которой я должен плакать, однако из меня шел поток слез. Странно, но после того, как около часа эта река текла через меня, слезы начали меняться на смех. И снова, я не осознавал причины для этого смеха. На самом деле, сеялся не я. Каким-то образом этот смех тек через меня и я чувствовал себя погруженным в это море смеха.

Затем, глядя через запрокинутую голову, я заметил шевеление одеяла в том углу, где спал другой солдат. Он тихо вылез из-под своего одеяла. На нем было только нижнее белье. Он поднялся на свои ноги, а потом медленно и с опаской подошел ко мне. Он обошел вокруг меня два или три раза и я хорошо помню его слова: *«Не знаю, что делать с тобой. Но наверно не стоит поливать тебя водой».* Я не мог ответить ему, но что-то внутри меня сказало: *«Даже вода не сможет остановить это!»*

Потом произошло странное: ко мне, не знаю откуда, пришли слова, что *«человек не должен хулить Духа Святого».* Без каких-либо доказательств, я знал: то, что было во мне — это был Дух Святой. Поэтому я решил, что не позволю своим друзьям говорить что-то плохое об этом. В большим трудом я поднялся на колени, подполз к своему матрасу, забрался на него, улегся и натянул на себя одеяло, но смех продолжал течь через меня.

Таким образом, каким бы странным он ни казался, я узнал, что истина — это Личность. Я всегда искал какую-то отвлеченную абстракцию, идею, теорию. Я искал объяснений, но нашел Личность. И без всяких объяснений и доказательств, я знал, что этой Личностью был Иисус из Назарета. С того самого дня, у меня не было никаких сомнений в том, что Иисус живой. Я обнаружил, что был очень далек от понимания, что истина — это не просто абстракция, не просто религия, не просто вероучение и символ веры, но Личность. И в Иисусе Христе был разрешен тот ужасный конфликт, который мучил меня многие годы — конфликт между идеалом и действительностью. В Иисусе я обнаружил идеал, который воплотился в действительность. Его жизнь, Его слова, Его учение, но, больше всего, Его личность — это было ответом на жгучее неудовлетворение, которое преследовало меня так много лет.

5. РЕЗУЛЬТАТЫ ВСТРЕЧИ С ИИСУСОМ

В результате моей встречи с Иисусом в моей жизни сразу произошли огромные изменениях. Мне бы хотелось описать эти изменения максимально объективно.

Первым изменением было то, что с того часа я уже никогда не сомневался в том, что Иисус жив. Я был искушаем неповиноваться Ему или проявить неверность по отношению к Нему, но я просто не мог сомневаться, что Иисус воскрес из мертвых и Он жив. С того момента и по сегодняшний день самым важным фактом для моей жизни является то, что Иисус из Назарета, Который был казнен на кресте, был погребен в каменной гробнице, сейчас жив и я знаю Его. Это понимание не было результатом размышлений. Это не было результатом чтения множества книжек. Это не было результатом обучения. Это было результатом личной встречи. Я встретил Его, и я знаю Его. Я знаю Его каждый день. Каждый час я осознаю Его присутствие.

Вторым результатом было то, что молитва стала такой же естественной частью мой жизни как дыхание. Накануне вечером, незадолго до своей встречи с Господом, я пытался, но не знал, как молиться, какие слова говорить, кому молиться, пока не пришел Дух Святой. На следующий день, выполняя мое повседневные обязанности армейской службы, я обнаружил, что молюсь все время. Мне не надо было прилагать никаких усилий для этого. Каждое дыхание было молитвой. Помню как я подошел к крану, чтобы налить и выпить немного воды. В естественном смысле это было очень обычное дело, и раньше я не придавал ему никакого значения, но теперь я не мог просто так выпить эту воду, не поблагодарив Бога за нее. Говорить с Богом, благодарить Его — это похоже стало естественным. У меня всегда было представление о молитве как о чем-то, что необходимо делать в религиозном здании и с каким-то «святым отношением», но я обнаружил, что молитва — это общение с Богом, и с тех пор, как Дух Святой сошел на меня, я мог легко и естественно общаться с Богом. Это общение дало мне источник внутренней силы. Не имеет значения, что происходит вокруг, у меня было это внутреннее общение с Богом все время, с того момента, как я просыпался, до того, как я засыпал.

Третьим результатом было то, что Библия вдруг наполнилась смыслом для меня. До этого я заставлял себя читал ее на протяжении девяти месяцев, не находя никакого смысла в ней. За это время я прошел с самого начала Бытия до середины Книги Иова. Хотя я достиг некоторого прогресса в чтении Библии, но не мог понять ее смысла и дать ей определение. Я просто не мог понять ее. Я не понимал того, о чем она говорит. Но на следующий день после того, как я повстречался с Иисусом и Святой Дух вошел в мою жизнь, вдруг произошла полная перемена в моих отношениях с Библией. Это не был постепенный переход из одного состояние в другое, это не было результатом какого-то процесса, это не произошло в результате интеллектуального перелома, это произошло в результате новых взаимоотношений.

Помню, как в тот день я решил продолжить чтение с того момента, где я остановился, где-то в середине Книги Иова. Я просто открыл свою Библию и вдруг в мои глаза бросились слова первых двух стихов 125-го Псалма:

Когда возвращал Господь плен Сиона, мы были как бы видящие во сне: тогда уста наши были полны веселья, и язык наш — пения...

Когда я прочитал слова: *«тогда уста наши были полны веселья (в англ. «смеха»)»*, мой разум сразу же обратил меня к опыту прошедшей ночи, когда река смеха текла через меня, когда Дух Святой сошел на меня.

Я увидел насколько точным является это описание. Здесь не сказано *«мы смеялись»*, но что *«наши уста были наполнены смехом»*. Как будто смех исходил из другого источника, наполнял их и вытекал из их уст. Я видел, что именно это произошло со мной. Моя реакция была такой: *«Почему за все годы, которые я проходил в церковь, никто не рассказал мне, что это есть в Библии?»* Когда в последствии я читал Библию, то опять и опять находил в ней очень точное описание вещей, которые происходили в моей жизни. В действительности, я обнаружил, что нет другого места, где бы я нашел ясное описание того, что случается в моей жизни, кроме Библии.

Могу сказать следующее: с того самого дня и до сих пор, в большинстве случаев, когда я открываю страницы Библии, во всей Вселенной как будто остаются только две личности — Бог и я, а открытая Библия — это Бог, говорящий ко мне.

У меня никогда не было теологических или интеллектуальных проблем в том, чтобы верить, что Библия — это Слово Божье. У меня нет этих проблем с тех пор, как я познакомился с Автором Библии. Не смотря на все полученное мной образование, я могу сказать, что никогда не чувствовал никакой интеллектуальной ущербности ни перед кем из-за того, что верю в Библию. Я был профессиональным логиком и достиг выдающихся успехов на этом поприще, и могу сказать, на основании собственных исследований, что Библия является самой интеллектуально здравой и логической книгой, которую я когда-нибудь читал. Для меня эта книга наполнена смыслом. Это Слово Божье, через которое Бог говорит лично ко мне живым голосом, как Личность.

Позвольте мне упомянуть еще о двух объективных результатах моей встречи с Иисусом, еще о двух переменах, которые произошли в моей жизни. Первое изменение, о котором я скажу, является в определенном смысле комическим, но в то же самое время очень реальным. Вечером следующего дня после встречи с Иисусом я по привычке направился в бар, чтобы выпить свою традиционную порцию виски. У меня не было никаких моральных или религиозных угрызений совести по поводу виски. Правду сказать, меня совершенно не беспокоил этот вопрос. Но когда я достиг дверей бара, собираясь войти, со мной случилось нечто совершенно непонятное — мои ноги замкнуло. И не смотря на все мои попытки, они отказывались перенести мое тело в это заведение. Впервые за этот день я почувствовал возмущение и досаду. Но затем я вдруг осознал, что меня уже не интересует то, что может предложить мне то заведение, в которое я хотел зайти. У меня больше нет необходимости в виски для того, чтобы расслабиться. Я нашел нечто более глубокое и постоянное, и эффект чего не такой непостоянный, как от принятия нескольких стаканов виски. Поэтому я просто развернулся и пошел оттуда. Та таинственная сила, которая сошла на меня прошлой ночью, взяла контроль над моими ногами и не позволила моим ногам входить в то заведение.

Последний результат, о котором я упомяну, можно выразить словами Иисуса, которые записаны в Евангелии от Иоанна 7:37-39:

> *В последний же великий день праздника стоял Иисус и возгласил, говоря: кто жаждет, иди ко Мне и пей. Кто верует в Меня, у того, как сказано в Писании, из чрева потекут реки воды живой. Сие сказал Он о Духе, Которого имели принять верующие в Него: ибо еще не было на них Духа Святаго, потому что Иисус еще не был прославлен.*

Давайте рассмотрим эти слова поближе: «*Если кто-то жаждет...*». Оборачиваясь назад, я осознаю, что много лет до своего обращения к Богу, я был жаждущим человеком, но не знал, где утолить свою жажду. Видите ли, Библия открывает нам, что человек состоит из трех составляющих: духа, души и тела. Отличительной чертой учения Платона был его постоянный упор на душу человека. Поэтому я хотел найти удовлетворение своей души в самых различных вещах: в философии, в музыке, в искусстве, в путешествиях. Я хотел найти удовлетворение для своего тела во многих вещах. Однако ища удовлетворения во всем этом, я оставался неудовлетворенным.

В результате своего переживания, я осознал, что той частью меня, которая испытывала жажду, была не моя душа и не но мое тело, но мой дух. Когда пришел Дух Святой, Он сразу же принес удовлетворение этой жажды. И я стал тем, кого Иисус назвал *каналом для потоков рек*.

Часть II

ВОСПИТАНИЕ
В ПУСТЫНЕ

6. МАННА В ПУСТЫНЕ

Вскоре после того, как я пережил личную встречу с Господом Иисусом, мою часть перебросили через море в Северную Африку, и следующие три года я провел в пустынях Северной Африки: в Египте, Ливии и Судане. Интересно проследить в Библии, как иногда Бог использует пустыню, чтобы приготовить Своих людей для их будущего служения.

В Библии есть несколько очень наглядных описаний пустыни, например в Книге пророка Иеремии 2:6:

> *И не сказали: «где Господь, Который вывел нас из земли Египетской, вел нас по пустыне, по земле пустой и необитаемой, по земле сухой, по земле тени смертной, по которой никто не ходил и где не обитал человек?»*

Однажды в пустыне я прочитал эти слова своим сослуживцам и они согласились, что это было точным описанием ситуации, в которой мы находились. Позвольте мне прочитать вам эти слова еще раз: «*земля пусто-*

шей и потрескавшейся от жары почвы, земля сухости и тьмы, где никто не путешествует и где никто не живет» (англ. перевод).

Пустыня освободила нас от всего, что не имеет жизненной важности, и спустила нас к самым базовым основам жизни. В материальной сфере этих основных компонентов было четыре. Вот как они располагаются по степени важности: 1) вода, 2) пища, 3) кров над головой, 4) средства передвижения.

В духовной реальности эти годы, проведенные в пустыне, освободили меня от многого, что не имеет жизненной важности, и спустила меня к основам духовной жизни. Когда я оборачиваюсь на то время, то всегда вспоминаю Божью работу над Иаковом, т.е. народом Израиля, когда Он вел этот народ через пустыню. Вот как это описал Моисей в книге Второзаконие 32:10:

Он нашел его в пустыне, в степи печальной и дикой, ограждал его (англ. «направлял его»), *смотрел за ним* (англ. «наставлял, воспитывал его»), *хранил его, как зеницу ока Своего.*

Я вижу, как эти четыре фазы последовательно исполнились в моей жизни. Сначала Господь нашел меня. Затем Он вел меня. Потом Он учил и воспитывал меня. Наконец, Он хранил меня. Верю, что в этом есть логический порядок. После того, как Господь *нашел* нас, Он начинает *вести* нас. Затем, когда мы подчиняемся Его водительству, Он *учит* нас. И, наконец, когда мы принимаем Его наставление, Он *хранит* нас. Однако Его охрана нас зависит от того, находимся ли мы под Его водительством и принимаем ли мы Его наставления! Позвольте мне прочитать эти слова еще раз. Они настолько наглядные!

> *Он нашел его в пустыне, в степи печальной и дикой, ограждал его, наставлял его, хранил его, как зеницу ока Своего.*

Особенно одна вещь, которую Бог открыл Израилю в пустыне, была настоящим источником обеспечения и жизни. Давайте опять прочитаем слова Моисея, которыми он напоминает Израилю об их опыте сорока лет в пустыне, Второзаконие 8:2-3:

> *И помни весь путь, которым вел тебя Господь, Бог твой, по пустыне, вот уже сорок лет, чтобы смирить тебя, чтобы испытать тебя и узнать, что в сердце твоем, будешь ли хранить заповеди Его, или нет; Он смирял тебя, томил тебя голодом и питал тебя манною, которой не знал ты и не знали отцы твои, дабы показать тебе, что не одним хлебом живет человек, но всяким словом, исходящим из уст Господа, живет человек.*

Здесь есть урок: настоящий источник жизни находится не только в физическом хлебе, но действительный источник жизни в том, что исходит из уст Господа! Реальный источник жизни — это Бог и Его слово, и для того, чтобы Израиль мог научиться этому, Бог смирял этот народ, испытывал его. В частности Он позволил им томиться голодом. Могу сказать вам из своего опыта, что быть голодным в пустыне — это настоящее испытание! Нам приходилось на протяжении многих дней испытывать нехватку продовольствия. Мы вынуждены были пить тухлую воду, да и то, ее оставалось немного.

Я отвечал за отделение, состоящее из восьми, так называемых *санитаров-носильщиков*, хотя нам не часто приходилось пользоваться носилками. У нас также было два водителя, один большой трехтонный грузовик, на котором мы передвигались по пустыне. Таким образом, на этом грузовике всех вместе, не считая меня, было десять человек. В армии нас с самого начала прозвали «Пионерами Принса», поскольку все эта разношерстная компания на трехтонном грузовике находилась под моим командованием.

Должен сказать вам, что голод вскрывает внутри вас вещи, о существовании которых вы и не подозревали. Помню, как много раз это было испытанием на эгоизм и дисциплину, когда мы должны были ограничивать свой рацион или когда кто-то пытался обмануть других или взять паек, который принадлежал другому. Это действительно было испытание, которое смиряло нас, но во всем этом Бог показал мне, что Он обеспечил мою духовную жизнь всем необходимым через Библию, Слово Божье, и через Святой Дух. Библия была моей манной! Я жил ей день за днем.

Вспоминаю слова Иова, когда он сказал (Иова 23:12): *«глаголы уст Его хранил больше, нежели мои правила»* (в англ. *«ценил слова уст Его более, чем необходимую мне пищу»*). Могу без преувеличения сказать, что таким было и мое отношение. Если бы меня поставили перед выбором между принятием пищи и чтением Библии, то я бы избрал чтение Библии! В той пустыне я жил словом, исходящим из уст Божьих!

Апостол Павел также пишет о некоторых уроках, которым научил Бог израильтян во время их хождения по пустыне, и он напоминает христианам о том, что эти уроки применимы и к нам. Вот что он пишет в Первом послании Коринфянам 10:1-4:

Не хочу оставить вас, братия, в неведении, что отцы наши все были под облаком, и все прошли сквозь море; и все крестились в Моисея в облаке и в море; и все ели одну и ту же духовную пищу; и все пили одно и то же духовное питие: ибо пили из духовного последующего камня; камень же был Христос.

Здесь говорится о четырех переживаниях, которые проходил весь Божий народ. Все они имели опыт этого. Первых два события были единократными: два крещения, т.е. два погружения. Весь Божий народ был крещен в Моисея, своего лидера — это отделение себя для Моисея (как лидера) через двойное крещение: в облаке (что символизирует христианское *крещение в Святом Духе*) и в море (что символизирует христианское *водное крещение*). Эти два крещения отдели тот народ для Моисея, их лидера. Нашим крещением в воде и крещением в Святом Духе мы отделяем себя для Иисуса Христа, как нашего Лидера!

Далее, в пустыне Израиль имел два каждодневных переживания: каждый день они ели небесную манну, которой Бог сверхъестественным образом снабжал их. И каждый день они пили воду из камня. Павел говорит, что тем камнем был Христос, Мессия. Таким образом, они имели двойной источник духовного питания: 1) манна, которая символизировала Слово Божье; и 2) вода, которая символизировала Святой Дух.

То же самое происходило и со мной в той пустыне. Я жил Словом и Духом. За три года, проведенных в пустыне, у меня сложилось основное понимание Библии. Я прочитал ее несколько раз и обнаружил, что толкователем Библии является Дух Святой. В Божьем чудесном провидении, Дух Святой, Который является Автором Священного Писания, становится нашим Учителем и истолковывает это Писание нам. Я обнаружил, что всякий раз, когда мне необходимо узнать что-то из Писания, в чем я практически на данный момент нуждаюсь в моей духовной жизни, — Дух Святой всегда приводит меня к ответу. Кстати сказать, когда я стал посещать церковь через несколько лет после своего обращения и пребывания в пустыне, я понял, что в Библии есть намного больше, чем мы слышим в большинстве церквей. Очень часто меня печалит то, как мало в церквях действительно открывают нам Библию. Но я выучил один урок и всегда старался придерживаться его: *судить о церкви (воспринимать церковь) на основании Библии, и не судить о Библии (не воспринимать Библию) на основании церкви.*

7. РАСПЯТЫЙ И ПОГРЕБЕННЫЙ СО ХРИСТОМ

Бог иногда использует пустыню для подготовки Своих людей к их будущему служению. Пустыня избавляет от всего, что не является жизненно необходимым, и спускает нас к самым основам жизни. Это истинно как для естественной, так и для духовной сферы.

Мы находились в практически непрерывном передвижении. Военные действия в пустыне очень подвижны. Как я уже сказал в предыдущей части, отделение, за которое я отвечал, состояло из восьми санитаров-носильщиков, двух водителей, которые управляли грузовиком и отвечали за его исправность. Как я уже говорил, наше отделение прозвали «Пионерами Принса». У нас был небольшой флаг, на котором было написано это название, и мы ставили его всякий раз, когда делали остановку на ночь.

Когда мы останавливались на ночлег в пустыне, то мы, как правило, спали на открытом воздухе, и я обнаружил, что хотя днем в пустыне очень жарко, но с заходом солнца быстро становится очень холодно. Песок прогревается очень быстро, но и теряет тепло также быстро. Поэтому нам предстояло научиться целому искусству, где спать и как сохранить тепло. Я обычно использовал свои ботинки в качестве подушки, а для защиты от ветра мы частенько укрывались за колесами грузовика. Каждому из нас было выдано четыре шерстяных одеяла. Я с улыбкой вспоминаю о том, насколько важными были эти одеяла для нас. Сегодня мы бы не слишком оценили четыре грубых шерстяных одеяла. Но у меня было одно одеяло, которое действительно было самым драгоценным моим имуществом. Думаю, первоначально это была попона для лошадей, потому что оно было, по крайней мере, в два раза больше обычного одеяла, но мне его засчитали за одно. Таким образом, у меня было три обычных одеяла, плюс это огромное «лошадиное» одеяло. Я научился так расстилать их на песке, что одна часть находилась подо мной, а второй я мог укрыться так, что был практически закрыт от ветра и холода во время сна. Под этими четырьмя одеялами у меня получалось что-то вроде маленького домика для сна.

Поскольку я был всего лишь новообращенным и не знал многих вещей из духовной жизни, то я постоянно задавал Господу вопросы. Я хотел знать: Почему мы должны продолжать быть в таком состоянии день за днем? Что хорошего в этом? И почему Бог не заберет меня из армии, ведь Он знает, что я хочу служить Ему? У меня действительно было очень много вопросов и много жалоб, и порой я совсем терял покой.

Однажды ночью я укутался в свои одеяла и улегся на песке. Как правило, мы ложились спать с заходом солнца и вставали с восходом, потому что у нас не было искусственного освещения, и в тот вечер я лежал и спорил с Богом: Почему Он позволяет всему этому продолжаться? Разве Он не знает, насколько полезным я мог бы оказаться для Него, если бы Он забрал меня из армии? Во время этого я почувствовал себя странно (верю, что это произошло силой Святого Духа), я был прижат спиной к песку, а одеяла завернулись вокруг меня таким странным образом, что я не мог пошевелиться. Мои руки были распростерты в разные стороны, с направленными вверх ладонями. Находясь в таком необычном положении, я не мог его поменять. Было похоже на то, что меня прикрепили к песку этими одеялами. И вдруг я осознал, что нахожусь в позе человека, распятого на кресте. На следующий день, когда я открыл Библию, мой взгляд упал на слова Павла из Послания к Галатам 2:20:

И уже не я живу, но живет во мне Христос. А что ныне живу во плоти, то живу верою в Сына Божия, возлюбившего меня и предавшего Себя за меня.

Итак, таким очень наглядным образом, не доказывая и не убеждая меня, Дух Святой показал мне, что в Божьих глазах я был распят со Христом. О чем я мог спорить?! На что я мог жаловаться?! Я — распятый человек! Распятие Христа стало моим распятием! Он отождествил Себя со мной в Своей смерти на кресте за мои грехи. Теперь я, в свою очередь, отождествляю Себя с Ним и вижу себя распятым вместе с Ним. Распятому человеку не о чем больше спорить. Ему не на что жаловаться. Его руки и ноги прибиты ко кресту, и крест держит его в том положении, которое уготовано ему.

Таким наглядным образом, когда через эти одеяла сила Духа Святого зафиксировала меня и прижала мою спину к песку, Бог подвел меня к тому, что я сказал: «*Я сораспялся Христу. Там мое место. Таким является мое состояние. Я уже не живу. Я больше не спорю ни о чем, не жалуюсь ни на что. У меня нет никаких прав и никаких требований. Всего этого я был лишен распятьем. Я осознаю себя распятым... Таким же видит меня Бог... Таким я вижу самого себя*».

Через несколько дней у меня опять было похожее переживание. Однажды вечером я опять был закутан в свои одеяла и снова спрятал голову за колесом грузовика, чтобы укрыть лицо от резкого холодного ветра, который дул ночью по пустыне. И вдруг я снова оказался зафиксирован на песке, но на этот раз уже в другой позе. Я опять лежал на спине, но мои руки были вытянуты вдоль тела, и я, как только мог, пытался освободить их, но не мог. Какая-то непонятная сила действовала через эти одеяла, удерживая меня в этой позе. Когда я сдался и перестал бороться, то вдруг осознал, что мое тело приняло позу человека, которого приготовили к похоронам. Именно в такой положении хоронили людей в Библейские времена. Я осознал, что был не только распят, но и погребен со Христом. Когда человека распинают, он по-прежнему видим — его можно видеть. Однако когда его погребают, тогда он исчезает из вида, и его невозможно увидеть. С глаз исчезают любые свидетельства его жизни.

Когда я обратился к Новому Завету, то снова увидел, что именно так Бог видит меня. Дам вам всего лишь одно место Писания из многих, которые говорят о том факте, что мы погребены со Христом. Вот что сказано в Послании к Колоссянам 2:12:

Быв погребены с Ним в крещении, в Нем вы и совоскресли верою в силу Бога, Который воскресил Его из мертвых.

Итак, я увидел, что был погребен со Христом, и что только через погребение я могу войти в жизнь воскресения, которую Бог имеет для меня. Сначала я должен быть распят, затем погребен, и уже затем — воскрешен. Но я обратил внимание, что здесь сказано: *«погребены с Ним в крещении»*, и эти слова каким-то образом засели в моей голове и вызвали целую цепь размышлений.

Примерно через год моего пребывания в пустыне, и после того, как мы уже девять или десять месяцев передвигались по бездорожью, не видя нормальных дорог, армия предоставила мне небольшой отпуск и позволила мне съездить в Иерусалим. Итак, в 1942 году я посетил Иерусалим в первый раз. Приезд в Иерусалим из пыльной пустыни был подобен восхождению из ада на небо. Я влюбился в это город с первого раза и должен сказать, что влюблен в него до сих пор. Во время своего пребывания в Иерусалиме меня познакомили с христианским служителем, который объяснил мне Библейские и духовные основания водного крещения и Бог даровал мне привилегию принять водное крещение по вере в Иисуса, как своего Спасителя, в водах реки Иордан в августе 1942 рядом с мостом Алленби. Я был крещен в реке Иордан не более чем за четверть мили от того места, где Сам Иисус был крещен Иоанном Крестителем.

Итак, я был действительно погребен со Христом в крещении и обнаружил, что это произвело некоторые важные изменения во мне. Я получил чудесное избавление от своего старого образа жизни. Хотя и до крещения я действительно уподобился мертвому человеку, однако множество картинок и сцен из моей старой жизни продолжали беспокоить меня. После своего крещения в реке Иордан, я осознал, что эти картинки, сцены и воспоминания прошлого были стерты. Их больше не было, они больше не причиняли мне беспокойства, не приносили мне чувство вины и не мучили меня. Тогда я понял, насколько важно быть не просто мертвым, но и погребенным. Не достаточно иметь мертвое тело, но чтобы надлежащим образом и окончательно разобраться с этим телом, оно должно быть погребено. Мы должны быть погребены, мы должны быть погружены, мы должны быть крещены. Это урок, которому Бог научил меня в пустыне, а затем осуществил в реке Иордан.

8. НАУКА ПОСТА

Было еще два практических урока, которые преподал мне Бог во время моего пребывания в пустыне. Первый урок связан с постом. Прежде чем говорить о посте, позвольте мне дать ему короткое определение. Пост — это сознательное воздержание от пищи для духовных целей. В большинстве случаев в Библии, когда люди постились, они воздерживались от пищи, но не от воды. Иногда они воздерживались и от воды, но это было в исключительных случаях.

Пост был среди первых уроков, которые

Дух Святой преподал мне сразу же после моего обращения. Насколько я помню, не прошло и месяца после моего обращения, как Дух Святой показал мне, что пост является нормальной частью христианской жизни и дисциплины. Это совсем не что-то странное или «из ряда вон выходящее», что время от времени делают фанатики-одиночки. Пост — это неотъемлемая часть христианской жизни и дисциплины. Кстати сказать, позднее, когда у меня появилась возможность посещать церковь и слышать проповедников, я был очень удивлен тем, как много христиан, похоже, вообще ничего не знают о том, что Библия говорит о посте. Тем не менее, примеры поста просто наполняют Библию, и не в последнюю очередь, — Новый Завет.

Например, Сам Иисус постился и Он ожидал, что будут поститься и Его ученики. В Нагорной проповеди, когда Он закладывал принципы христианской жизни, Он сказал Своим ученикам: *«когда поститесь...»*. Он не сказал: ***«если** вы поститесь...»*, но ***«когда** вы поститесь...»*. Другими словами, Он ожидал, что они будут поститься, и поэтому Он дал им принципы, которые следует соблюдать при посте. В шестой главе Евангелия от Матфея Иисус говорит слово *когда* о трех духовных дисциплинах: 1) когда мы даем милостыню, 2) когда мы молимся, 3) и когда мы постимся. Таким образом, Он действительно ожидал от Своих учеников, что они будут делать все эти три вещи: служить милосердием, молиться и поститься.

Если мы исследуем Новый Завет, то обнаружим, что постилась как сама Первая Церковь, так и ее лидеры. Павел свидетельствовал о самом себе, что он был *«часто в постах»*. Это было то, что он практиковал очень часто. Если вы посмотрите в Ветхий Завет, то вы найдете там запись о том, что многие из самых верных Божьих слуг постились. Перечислим только некоторых из них: Моисей, царь Давид и некоторые другие цари, пророк Илья, Ездра, Неемия и Есфирь. И вы обнаружите, что в некоторых случаях пост Божьего народа вызывал Божье сверхъестественное вмешательство и изменял курс истории.

Не смотря на то, что я не знал все эти факты из Библии, Святой Дух показал мне, что Бог хочет от меня, чтобы я постился. В течение трех лет, или около того, я как правило постился каждую среду. Я проводил без еды целый день. Реакция моих сослуживцев была несколько удивительной. Если вы немного знакомы с исламом, то вы должны знать, что в течение одного месяца в году (этот месяц они называют Рамадан) мусульмане не принимают пищу в светлое время суток. Рамадан — это месяц поста. Поскольку мы находились в Египте, а это исламская страна, то британские солдаты узнали немного о Рамадане. Поэтому солдаты из моего подразделения стали называть мою среду *Рамаданом*, потому что это был день, в который я постился. Конечно же, я не постился напоказ, но когда живешь в тесном соседстве с другими людьми двадцать четыре часа в сутки, то если ты не принимаешь пищу, они, безусловно, знают об этом.

Отношение моих сослуживцев ко мне и моему образу жизни было достаточно интересным. После того, как они убедились, что я являюсь настоящим верующим, и что я действительно веду такой образ жизни, который соответствует тому, во что я верю, то — не смотря на то, что они не хотели разделить со мной мою веру, — они начали уважать меня. Хотя это странно, но они были рады, что я нахожусь с ними, потому что в моменты опасности они считали, что я являюсь своего рода страховкой, что с ними ничего плохого не случится. Такое отношение не раз проявлялось, когда мы оказывались в действительно трудной ситуации. Помню как однажды, когда наше небольшое медицинское подразделение оказывалось отрезанным от своих в тылу врага, и мы не знали, куда нам ехать, чтобы пробраться к своим, один из этих грубых, сквернословящих британских солдат подошел ко мне и сказал: *«Капрал Принс, я рад, что вы с нами»*. Не смотря на то, что они не следовали моему примеру, они уважали мой образ жизни и полагаю, что во многом я послужил помощью и защитой для этих солдат. За два года пребывания посреди активных боевых действий наше подразделение потеряло лишь одного бойца, и это было очень необычно для тех обстоятельств, в которых мы находились.

Позднее, когда я читал дневники Джона Уэсли, основателя методистского движения, мне было интересно узнать, что он практиковал регулярный пост и что он не назначал человека на служение, если тот не соглашался поститься каждую среду и пятницу до четырех часов дня. Таким образом, я убедился, что Бог учил и других людей тому уроку, которому Он учил меня лично.

Мне бы хотелось вкратце упомянуть о трех результатах, которые пост произвел в моей жизни. Во-первых, я переживал близость с Богом. Когда я удалялся от материальных вещей, духовные вещи становились более реальными. Во-вторых, во время поста я получал более глубокое и четкое понимание Писания. В-третьих, благодаря посту я получал особые ответы на молитвы.

Хочу привести вам один особый пример того, как Бог ответил на мою молитву, когда я постился. История хождения народа Израиля по пустыне свидетельствует о том, что пустыня провоцирует в людях состояние ропота и недовольства. Это случалось с Израилем много раз и это вызывало Божий суд и немилость на этот народ, и он должен был каяться. Должен сказать, что я проходил через те же самые переживания. Много раз я начинал жаловаться и роптать. Я так уставал от пустыни, от нашей еды, от сквернословящих британских солдат, что я говорил:

«Господи, почему Ты держишь меня здесь? Почему Ты не переведешь меня куда-нибудь в другое место?» Когда я роптал так, то терял ощущение Божьего присутствия и благословения. Где-то внутри я знал, что Бог по-прежнему заботится обо мне, что Бог реален, но мои близкие личные взаимоотношения с Богом, которыми я так дорожил, каким-то образом терялись.

Тогда однажды я решил выделить особый день, не среду, чтобы поститься, и спрашивать Бога, почему Его присутствие похоже отступило от меня. Итак, я провел целый день в посте. В тот день мы никуда не ехали. Наше подразделение стояло вблизи базы войск. Я вопрошал Бога: *«Боже, почему Тебя нет рядом со мной? Почему я должен продолжать проводить эту монотонную, унылую жизнь в пустыне?»* И вечером Бог дал мне ответ. Он проговорил ко мне очень четко, и я могу дословно воспроизвести Его ответ: *«Почему ты не благодаришь Меня? Почему ты не славишь Меня?»* Когда я размышлял над тем, что сказал мне Бог, я начал понимать, что стал неблагодарным, что я перестал благодарить и славить Бога, и поэтому потерял ощущение Божьего присутствия.

Таким образом, я осознал важность постоянного благодарения и прославления Господа в христианской жизни. В последствии Бог направил меня к различным местам Писания, которые говорили об этом. Мне бы хотелось поделиться с вами двумя из них. В первом отрывке Павел пишет о четырех простых вещах, — это Первое послание Фессалоникийцам 5:16-19:

Всегда радуйтесь. Непрестанно молитесь. За все благодарите...

Слово «все» включает в себя и нахождение в пустыне, среди насекомых и песка, с плохой пищей и сквернословящими солдатами.

Ибо такова о вас воля Божия во Христе Иисусе. Духа не угашайте.

Можно сделать такой вывод: если мы не радуемся постоянно, не молимся постоянно и не благодарим постоянно и за все, то мы угашаем Святого Духа! Именно это я делал своим ропотом и жалобами. Вместо того чтоб славить и благодарить, я угашал Святой Дух в своей жизни.

Следующий отрывок из Послания Евреям 13:15:

Итак будем через Него непрестанно приносить Богу жертву хвалы, то есть плод уст, прославляющих имя Его.

Снова я вижу здесь, что Бог ожидает от нас, христиан, что мы будем непрестанно приносить жертвы хвалы, которые должны исходить из наших уст, а не только быть где-то в нашем сердце. Мы должны хвалить Бога нашими устами, мы должны озвучивать, выражать вслух наше благодарение и нашу хвалу имени Господа!

Я также увидел, что хвала является жертвой. Для меня было настоящим уроком, что жертва стоит нам чего-то, что я должен прославлять Бога тем больше, чем меньше мне этого хочется, и именно тогда моя хвала будет более всего угодна Богу. Поэтому я сделал поправку в своей жизни и стал воспитывать в себе отношение постоянного благодарения и хвалы Богу в любых обстоятельствах и ситуациях. И знаете, что я обнаружил? Мои обстоятельства не изменились, но изменился я! И когда изменился я, тогда поменялось и мое отношение к моим обстоятельствам.

9. ЦЕЛЫЙ ГОД В ГОСПИТАЛЕ

Практически все те три года я не имел возможности посещать церковь и слушать проповедников. Бог напрямую учил меня тремя способами: 1) через Библию, 2) через Святой Дух, 3) через цепь ситуаций и обстоятельств, в которых я оказывался. Оглядываясь назад, я вижу, как Бог организовывал ситуацию за ситуацией для того, чтобы научить меня великим базовым принципам, в которых я нуждался в моем будущем служении Ему. Когда я думаю об этом, то всегда вспоминаю слова Моисея о том, как Бог работал над Иаковом. Книга Второзаконие 32:10:

Он нашел его в пустыне, в степи печальной и дикой, ограждал его, смотрел за ним (англ. «вел его, наставлял его»), *хранил его, как зеницу ока Своего.*

Как уже было сказано, здесь важен порядок. Сначала Бог нашел его, затем Он вел его, потом Он наставлял его, наконец, Он хранил его. Это порядок, в котором Бог работает с нами. Сначала Он *находит* нас, затем Он *ведет* нас. Если мы подчиняемся Его водительству, то Он *наставляет* нас. Если мы принимаем Его наставления, тогда Он *хранит* нас. Мы в такой мере получаем наставление, в какой находимся под водительством. Мы в такой мере хранимы, в какой мере находимся под водительством и в какой мере принимаем наставления. Итак, вот порядок моей жизни: 1) Бог нашел меня, 2) Он вел меня, 3) Он наставлял меня, и 4) Он хранил меня, за что слава Ему! Благодаря году, проведенному на больничной койке, Бог научил меня некоторым жизненно важным урокам.

Я состоял в медицинском подразделении, которое было закреплено за одной из основных бронетанковых дивизий британской армии в Северной Африке. В нашу обязанность входило медицинское обслуживание личного состава этой бронетанковой дивизии. Мы прошли вместе с дивизией битву при Эль-Аламейн, которая была великим поворотным моментом в войне в Северной Африке. Мы участвовали в этой победе и начали двигаться на запад через египетскую пустыню в Ливию. И во время этого передвижения моего подразделения, я заболел.

Мое состояние, несомненно, было вызвано пустыней, пищей, и возможно моей эмоциональной реакцией на все происходящее. Кожа на моих ногах, а потом и на моих руках, стала кровоточить и воспалилась от инфекции. Вскоре я не мог носить никакой обуви, а затем уже и передвигаться мог с большим трудом. Военный врач, с которым я служил, ценил меня и поэтому делал все, чтобы оставить меня при себе и не допустить того, чтобы я лег в госпиталь. Но в конечном итоге он вынужден был сказать: «У нас нет выбора, я должен отпустить тебя. Тебе необходимо ехать в стационарный госпиталь».

Сначала меня положили в госпиталь в Ливии, а потом перевели в один из госпиталей в Египте, а потом перевели в другой военный госпиталь, который находился там же, — в Египте. Итак, в общей сложности я провел почти год в британских военных госпиталях в Северной Африке. Большую часть времени я был лежачим больным. Мое состояние временно улучшалось, но как только я начинал ходить своими ногами, появляться на солнце и выходить на улицу, мое состояние опять ухудшалось.

В тех условиях такое состояние было достаточно распространено среди британских солдат. Вспоминаю одного солдата, который был моим соседом по больничной палате. Он был на Ближнем Востоке два года, а после этого провел полтора года в госпитале в таком же состоянии, в котором был я. Было очевидно, что в тех условиях и с доступными в то время средствами, врачи не могли дать полноценное лечение. Они давали моему заболеванию различные сложные названия, причем каждый доктор называл его по-новому. В конечном итоге, они остановились на определении «хроническая экзема», но была это экзема или нет, была она хронической или нет, — было явно одно, что медицина не могла дать полноценное лечение для той болезни в той ситуации.

Во время целого года лежания в госпитале, я пережил множество сражений в своем разуме. Мой разум подвергался нападению двух основных врагов: первым врагом было сомнение, вторым врагом была депрессия. Не знаю, сталкивались ли вы с сомнениями и депрессиями, но я сталкивался, и это притом, что я был верующим. Я знал Господа. Я дєйствительно посвятил себя Ему. Тем не менее, я лежал там и проходил в моем разуме через яростные битвы с сомнениями и депрессиями. *«Должно быть, Бог забыл меня? Действительно ли Он заботится обо мне? Может ли Он исцелить меня? Что будет со мной?»* Были такие слова, которые я повторял снова и снова: *«Я знаю, что если бы у меня была вера, то Бог бы исцелил меня».* И следующее, что я говорил: *«Но я знаю, что у меня нет такой веры».* Каждый раз, когда я говорил, что у меня нет такой веры, я находил себя посреди мрачной, унылой долины отчаянья. Но затем Бог послал мне помощь через Свое Слово. Это были слова из Послания к Римлянам 10:17:

Итак вера от слышания, а слышание от слова Божия.

В переводе короля Иакова (в котором я читал Библию) было написано, что *«вера приходит через слышание»*. Я ухватился за два слова: *«вера приходит...»*. Они были как луч света во тьме той унылой долины. *«Вера приходит!»* Если ее нет, оказывается, ее можно получить. Как она приходит? Я прочитывал этот стих снова и снова: *«Вера приходит через слышание...»* — слышание чего? — *«...Слова Божьего»*. Итак, если я хотел иметь веру, если я нуждался в вере, если мне недоставало именно веры, то мог получить ее, слушая Божье Слово.

Я знал, что Божье Слово было передо мной, — я держал Библию в своих руках, именно в Библию я смотрел в тот момент. Как я могу получить веру? Слушая, что Бог говорит мне Своим Святым Духом через Его Слово. Я решил, что именно это мне надо делать.

Итак, я принял решение получить веру! Я принял решение слушать, что Бог говорит мне. Я решил, что я буду пытаться заглушить все другие голоса, что не буду слушать сомнения и депрессии, когда они опять будут атаковать мой разум, а сфокусирую все свое внимание на том, что Бог говорит мне в Своем Слове.

Затем я подумал о том, как практически осуществлять это. Я вооружился синим карандашом, и принял решение снова прочитать всю Библию, подчеркивая отрывки, которые имеют отношение к четырем темам: 1) исцеление, 2) здоровье, 3) физическая крепость, и 4) долгая жизнь. Таким образом, чтобы сфокусироваться на том, что Бог говорит мне об этих четырех аспектах, я прочитал Библию от начала до конца, подчеркивая синим цветом все, что связано с исцелением, здоровьем, физической крепостью и долгой жизнью. Насколько я помню, чтение Библии таким способом заняло у меня около четырех месяцев, и в конечном итоге, знаете, что я получил? Синюю Библию! В этой Библии было трудно найти страницу, которую бы не касался мой синий карандаш.

Достаточно интересно, что в Библии были две книги, которые были больше других окрашены в синий цвет. Удивлюсь, если вы угадаете, какие это книги. Одна из них находится в Ветхом Завете, а другая — в Новом Завете. В Ветхом Завете — это Книга Притчей, а в Новом Завете — это Евангелие от Матфея. Тем не менее, вся моя Библия была просто наполнена синим цветом, и неожиданно для себя самого я осознал, что исцеление является одним из основных посланий Библии. Слово Божье хочет донести до нас, что Бог является Целителем! Я прочитывал опять и опять, как Бог открывался Своему народу. Я читал в книге Исход 15:26:

И сказал: если ты будешь слушаться гласа Господа, Бога твоего, и делать угодное пред очами Его, и внимать заповедям Его, и соблюдать все уставы Его, то не наведу на тебя ни одной из болезней, которые навел Я на Египет, ибо Я Господь, целитель твой.

В Псалме 102:2-3:

Благослови, душа моя, Господа и не забывай всех благодеяний Его. Он прощает все беззакония твои, исцеляет все недуги твои.

Снова и снова Библия возвращается к теме исцеления. Евангелие от Матфея 8:17:

Он взял на Себя наши немощи и понес болезни...

Первое послание Петра 2:24:

...ранами Его вы исцелились.

Я видел, что Иисус в Своем служении проводил многие часы, служа больным людям. Такое впечатление, Он больше проводил времени служа больным, чем проповедуя. Таким образом, в конечном итоге все мое прсдставление о Боге подверглось кардинальному изменению. Думаю, что во мне осталось мое детское представление о Боге, как бы это сказать корректно, как о немного раздражительном дедушке с длинной бородой, который сидит где-то далеко в небесной канцелярии. Если вы попадаете в проблемы, то вы должны пойти в Его кабинет. Я представлял Бога как довольно сварливого и строгого школьного завуча.

Но благодаря чтению Библии по-новому и слышание того, что Бог говорил мне через Библию, и фокусировании своего внимания на этом — благодаря этому мое представление о Боге изменилось. Я увидел Бога, как любящего Отца. Я увидел Его как Того, Кто планирует самое лучшее. Я увидел, что если я сделаю безоговорочное посвящение своей жизни Ему, то Он устроит ее наилучшим образом. Я увидел, что Он любит меня, заботится обо мне, приготовил все необходимое для меня, хочет самого лучшего для меня. Все мое религиозное «наследство» просто отвалилось от меня. У меня всегда было такое впечатление, что если вы собираетесь быть христианином, то вам лучше быть готовым к убогому существованию. В моем уме постоянно всплывали слова, которые я много раз слышал на служении в англиканской церкви: *«Прости нас, жалких грешников...»* Каким-то образом это оставило глубокий след во мне. Я всегда представлял христиан, как жалких людей, а Бога представлял строгим, угрюмым и суровым. Но затем этот образ изменился, и я увидел Бога как любящего, мудрого, милостивого, доброго и способного обеспечивать Своих людей и хранить их в любой ситуации и любых обстоятельствах.

10. БУТЫЛОЧКА С БОЖЬИМ ЛЕКАРСТВОМ

Исцеление является одной из главных тем Библии и стоит на одном из первых мест среди того, что Бог делает для Своего народа. Я начал видеть в Боге любящего Отца, Который заботится о Своих детях, и предусматривает все необходимое для них, Который всегда желает самого лучшего и способен дать его. Я продолжу рассказ о том, что произошло со мной после того, как ко мне пришла вера, которая в свою очередь привела меня к исцелению.

По мере того, как я продолжал изучать Библию и искать истину об исцелении, меня продолжала преследовать одна интеллектуальная проблема, которая была результатом моего философского прошлого. Мне было трудно воспринимать слова в их простом и прямом смысле. Когда я оборачиваюсь назад и вспоминаю, что мы проводили целый семестр в дискуссиях, действительно ли здесь находится стол, из-за которого говорит профессор философии, то осознаю, что философия научила меня сомневаться даже в самых простых вещах. И эта умственная проблема по-прежнему беспокоила меня, даже когда я читал Библию и подчеркнутые синим цветом отрывки из нее. Мне казалось, что там есть некоторые утверждения, которые уж слишком простые, и на самом деле они имеют скрытый смысл, и их не следует понимать буквально, особенно то, что касается физического исцеления.

У меня по-прежнему оставалось, скажем так, «религиозное отношение», что физическое тело совсем не важно. Бог не слишком много уделяет внимания нашему телу. Бог заботится о душе, которая пойдет на небо и будет вместе с Ним, а тело — оно тленно, и, так или иначе, однажды оно умрет. Поэтому Бога не слишком заботит состояние нашего тело, больно оно или здорово.

Хотя в Библии есть много мест, которые опровергают это, но мне было трудно воспринимать их буквальный смысл. Например, Давид говорит в Псалме 102:2-3:

Благослови, душа моя, Господа и не забывай всех благодеяний Его. Он прощает все беззакония твои, исцеляет все недуги твои.

Эти слова предельно ясны, однако мой философский разум говорил: «*Ну, это говорится только о болезнях души. Здесь не подразумеваются физические болезни, это относится только к психическим и эмоциональным заболеваниям*». Позднее, когда я изучал Библию на языке оригинала, то убедился, что эти слова совершенно невозможно перевести в сферу души. Но в то время, для меня было настоящей проблемой принять, что здесь говорится именно о физическом исцелении. Я говорил так: «*Да, это правда, что Бог исцеляет. Но Он заинтересован в нашем духовном исцелении, и не слишком много вни-*

мания уделяет нашим физическим телам».

Но однажды Святой Дух обратил мое внимание на тот отрывок Писания, который вывел меня из госпиталя. И мне бы хотелось подчеркнуть, насколько важно быть ведомым Святым Духом. Именно Он направляет нас к той определенной части Божьего Слова, которая дает нам ту веру, которая необходима нам на данный момент. Итак, вот это место Писания, и я настоятельно рекомендую вам запомнить его, это Книга Притчей 4:20-22:

Сын мой!...

Бог обращается к Своим детям, т.е. к тем, которые лично знают Его.

...словам моим внимай, и к речам моим приклони ухо твое; да не отходят они от глаз твоих; храни их внутри сердца твоего: потому что они жизнь для того, кто нашел их, и здравие для всего тела его.

Когда я прочитал последние слова: *«здравие для всего тела их»*, то сказал внутри себя: *«эти слова уже нельзя понять никак иначе, даже философ не может придать слову «тело»* (в англ. переводе использовано еще более выразительное слово: *«плоть»* — примеч. переводчика) *значение «дух».* Плоть и есть плоть, — это мое физическое тело, и Бог говорит, что Он предусмотрел исцеление для всего моего физического тела.

Затем, мои философские навыки уже стали помогать мне, потому что я сказал самому себе: *«Логически, если я могу иметь здоровье во всем моем физическом теле, тогда болезни совсем не остается места там. Здоровье и болезнь — это понятия противоположные. Где есть болезнь, там нет здоровья. Где здоровье, там нет болезни».*

После этого я посмотрел на сноски в той Библии, которую я использовал, и прочитал там, что еврейское слово, которое переведено как *«здоровье»*, также можно перевести как *«медицина»* или *«лекарство»*, через которые Бог обещает обеспечить здоровье всему моему физическому телу. Поэтому я решил принимать Божье Слово как лекарство. Я увидел Божье обещанье, что Его слова будут оздоровительным лекарством для всего моего тела.

Я был военным санитаром и, конечно же, одна из основных моих обязанностей состояла в том, чтобы выдавать пациентам лекарство. Я снова принял решение быть простым и практичным учеником. Я спросил себя самого: *«Как люди принимают лекарство?»* Стандартный ответ тех дней: *«Три раза в день, после приема пищи».* Тогда я сказал: *«Вот так я и буду делать — я буду принимать Божье Слово в качестве лекарства три раза в день, после еды».*

Итак, я решил принимать Божье Слово в качестве лекарства, но когда я принял это решение, Бог очень ясно проговорил в мой разум: *«Когда доктор дает тебе лекарство,* то инструкции по его применению написаны прямо на бутылочке». Он сказал: «Если ты хочешь, чтобы Я был твоим доктором, то вот Моя бутылочка с лекарством, а инструкции по применению написаны прямо на ней и тебе лучше прочитать их».

Тогда я вернулся к тому месту Писания, на которое Бог первоначально обратил мое внимание, и увидел в нем четыре ясных указания, как принимать лекарство Божьего Слова.

Во-первых, «словам Моим внимай...» Я должен уделить все свое внимание тому, что Бог говорит, не отвлекаясь на что-то другое. Это согласовалось с полученным мною пониманием о том, как «вера приходит».

Во-вторых, «и к речам моим приклони ухо твое...» Здесь я увидел, что «приклоняя или склоняя свое ухо», мы склоняем всю голову. Вы не можете приклонить ухо, не склонив головы. Склоненная голова говорит об уважительном, благоговейном, смиренном и внимательном отношении к Богу. Опять скажу о том, что всякий раз, когда я читал Божье Слово, говорящее о Божьей благости и Его желании исцелять и обеспечивать нас всем необходимым, я говорил самому себе: «Это слишком хорошо, чтобы быть правдой». Я действительно был не в состоянии принять это так, как оно есть. После многих дней моего упорства, однажды, когда я «приклонил свое ухо», Господь сказал мне следующее: «Теперь скажи Мне, кто здесь учитель, а кто ученик? Я подумал и ответил: *«Господь, конечно же, Ты – Учитель, а я – ученик»*. Тогда Господь сказал: *«В таком случае, ты не против, что Я буду тебя учить?»* Тогда я понял, что включает в себя *«приклонить ухо»*. Это значит перестать спорить; перестать говорить Богу, что Он должен говорить, и верить Его словам.

Видите ли, я был похож на многих других людей. Я подходил к Библии с уже сформированным собственным мнением. Я рассматривал ее через призму традиций и своего воспитания. Я уже заранее знал, что Бог может сказать, и если Он говорил не то, что я думал, тогда я вообще не мог слышать Его. Итак, второе указание состояло в том, чтобы приклонить ухо, склониться, смирится, не спорить с Богом, быть открытым к научению, позволить Ему говорить.

В-третьих, *«да не отходят они от глаз твоих...»* Я увидел, что должен постоянно фокусироваться на Божьих обетованиях, и если мой взгляд начнет блуждать по другим источникам учений или предписаний, которые не согласуются со Словом Божьим, в таком случае я не получу исцеляющее влияние Божьего Слова на мое тело.

В-четвертых, *«храни их внутри сердца твоего»*. Я увидел, насколько это все согласуется друг с другом. Бог использует «ворота наших глаз» и «ворота наших ушей». Он говорит нам, чтобы мы приклонили свое ухо и сфокусировали свой взгляд. Таким образом, когда все наши «ворота» открыты, Его Слово входит через них в наше сердце. Когда оно попадает в наше сердце, это производит исцеление для всей нашей плоти.

Стих, который идет сразу за этими простыми практическими предписаниями и за обетованием исцеления, говорит, Притчи 4:23:

Больше всего хранимого храни сердце твое, потому что из него источники жизни.

Очень точно сказано. Поскольку то, что попадает в ваше сердце, определит направление вашей жизни.

Итак, я принимал Божье Слово как свое лекарство, ежедневно по три раза после приема пищи, в течение трех или четырех месяцев. У меня нет возможности рассказать все детали, но скажу лишь то, что в конце этого срока я получил полное и постоянное исцеление, и с тех пор я хожу в нем до сегодняшнего дня. Божье Слово истинно! Вы можете положиться на него! Бог обеспечивает исцелением всю нашу плоть!

Когда я оборачиваюсь на ту ситуацию, то понимаю, что в то время я находился на перекрестке в своей жизни. Я встретился с ясной истиной Божьего Слова, но мне как философу было трудно поверить в то, что все так просто. Я понимал, что передо мной стоит выбор:

1) я могу продолжать усложнять вещи и остаться больным; или

2) я могу согласиться принять простые ис-

тины Божьего Слова такими, как они есть, получить благословение и исцелиться.

Оборачиваясь назад, я так рад, что согласился принять простоту Слова Божьего и войти в исцеление. Предлагаю и вам сделать то же самое. Примите Слово Божье в простоте, поверьте ему и примите благословение.

Бог, да благословит вас!

Уверенность в Божьем избрании

1

В НАЧАЛЕ БОГ...

Нашей темой будет «Уверенность в Божьем избрании». Внимательное и молитвенное изучение этой темы приведет вас к полной уверенности в Боге.

Я приглашаю вас присоединиться ко мне в чудесном путешествии, которое начинается в вечности, проводит нас через разные периоды времени, и снова идет в вечность. Нашим пунктом назначения является полная уверенность в Боге.

Мы начнем наше путешествие с первого стиха Библии, Бытие 1:1:

В начале сотворил Бог небо и землю...

Практически на протяжении всей истории человек размышлял о том, что стоит за видимой нами Вселенной, что поддерживает ее существование. Философы используют такой термин, как *первопричина* и другие специальные термины. Но, каков же ответ? Человеку предлагалось бесчисленное количество различных ответов.

Возможно, все, что мы видим это результат просто случайности? Возможно, произошел какой-то *Большой взрыв*, как сейчас предполагают некоторые физики? Или это лишь хаотичный физический процесс, который просто происходит, и никто не знает, почему, никто не знает, как это началось, никто не знает, чем это закончится — это то, что просто существует, и его совершенно невозможно понять или объяснить?

Что ж, ответ Библии очень ясный и точный. Библия утверждает, что за всем творением стоит личность Творца, Который также является Отцом. Здесь есть три важных понятия. За Вселенной находится Личность. Он Творец, а также и Отец, — и то, что Он является Отцом — это крайне важно. Видите ли, ваше видение происхождения Вселенной определит все ваше отношение к ней, к вашей жизни, и к самому себе. Кто вы? Просто необъяснимой случайностью, не имеющей никакой реальной цели? Может быть, вы просто жертва слепых физических процессов, которые вы не можете контролировать, но которые контролируют вас? Почему вы появились на свет?

Если вы верите Библии, то у вашей жизни есть причина, и есть цель. И это изменит все ваше отношение к жизни. За всем стоит Творец, который является Личностью, с Кем вы можете общаться, как с Личностью. И Он не только Личность, Он также и Отец. И если вы сможете открыть для себя эту истину, то это изменит все в вашей жизни.

У меня есть один друг, служитель, который однажды рассказал мне такой случай. Он проводил служение в центре одного очень большого города в Америке. Собрание закончилось, смеркалось, был холодный, ветреный вечер, и он остался стоять в одиночестве на улице чужого города. Вокруг все было серое, бесцветное, безрадостное и непривлекательное. И только ветер свистел вокруг него, и ему казалось, что он совершенно один, и он чувствовал себя настолько одиноко, удрученно и подавленно. И затем к нему пришла мысль, и он стал шептать только одно слово снова и снова: «*Отец... Отец... Отец...*». Он делал это несколько минут. И он сказал мне, что когда он произносил одно лишь слово *Отец* — ничего другого, лишь одно слово *Отец* — в этом мрачной, безрадостной, унылой обстановке, то за несколько минут все внутри него изменилось.

Если это еще не произошло с вами, то это то, что может произойти, когда вы осознаете, что за Вселенной есть Отец, Который сотворил вас, любит вас, имеет цель для вас. Видите ли, Сам Бог не имеет ни начала, ни конца. В Псалмс 89:3 псалмопевец говорит Богу:

> *Прежде нежели родились горы, и Ты образовал землю и вселенную, и от века и до века Ты — Бог.*

Заметьте, он не говорит «*Ты **был** Богом*». Он не говорит «*Ты **будешь** Богом*». Он говорит «*Ты **есть** Бог*». Бог живет в вечном настоящем. У Него нет начала. У Него нет конца. Он существует вечно, и Он источник для всего, что начало быть.

Бог Сам и начало, и конец. В Откровении 1:8 мы читаем такие слова:

Я есмь Альфа и Омега...

Альфа — это первая буква греческого алфавита, омега — последняя буква. Бог говорит: «*Я есмь там, где все это началось, и Я есмь там, где все это закончится. Я есть Альфа и Омега*». Другими словами: «*Я являюсь всем, от А до Я*».

Я есмь Алфа и Омега, говорит Господь, Который есть и был и грядет, Вседержитель.

Он есть, Он был, и Он грядет — прошлое, настоящее и будущее соединяются в вечной сущности Бога, и Он есть Вседержитель. То же самое снова говорится в Откровении 22:13:

Я есмь Альфа и Омега, начало и конец, первый и последний.

Вы не сможете выйти за пределы Бога, — Он был до вас, — Он будет все время, — и Он простирается дальше в вечность.

Затем нам необходимо увидеть, что Бог берет на Себя ответственность за все, что Он начал. Бог никогда не начинает что-то, что Он не собирается довести до конца. Он никогда не оставляет Свои цели и Свои проекты незаконченными. Ему нет необходимости останавливаться на полпути и говорить: «*Не знаю, что теперь с этим делать*». Ему также нет необходимости говорить: «*Я не могу закончить то, что решил сделать*». Таких слов нет в Божьем лексиконе.

В Послании Евреям 12:2 нам предписано смотреть на Иисуса, потому что Он является Начинателем (в Синод. переводе: «начальником» — примеч. переводчика) и Совершителем нашей веры. Наша вера начинается Им, и наша вера достигает завершения в Нем. Он не начинал чего-то в наших жизнях, что Он не может или не хочет завершить. Насколько мы доверяем Ему в начале, настолько же мы можем доверять Ему в том, что Он завершит.

Павел имел такую же уверенность, которую он выражает о христианах города Филиппы, Послание Филлипийцам 1:6:

... Будучи уверен в том, что начавший в вас доброе дело (то есть Бог) *будет совершать его даже до дня Иисуса Христа.*

Бог начал это, — Бог же и доведет до конца. Когда Он закончит, это будет совершенным. Уже никак нельзя будет улучшить это. У нас есть такая уверенность, когда у нас такое представление о Боге. Мы уже не чувствуем себя как носимая ветром былинка. Я много раз говорил людям: *«Вы не просто слепая случайность. Бог начал работу в вашей жизни, и Он собирается завершить эту работу. Вам не нужно беспокоится, вам просто нужно доверять Ему».*

Затем, этот чудесный Бог, Творец, Отец — Он Сам является нашим спасением. Самое важное заключается в том, чтобы увидеть это. Спасение в Самом Боге. Ничто другое, кроме Бога, не может быть нашим спасением. Об этом сказано в Книге пророка Исаии 12:2:

Вот, Бог - спасение мое: уповаю на Него и не боюсь; ибо Господь - сила моя, и пение мое - Господь; и Он был мне во спасение.

Мне жаль людей, которые ищут спасение в церкви, или в законе, или в доктрине, или в деноминации. Насколько зыбкие это вещи. Они не способны дать нам то спасение, в котором мы нуждаемся. Но когда мы видим, что наше спасение в Самом Боге, тогда мы можем сказать, как сказал Исайя: *«Уповаю на Него и не убоюсь...».* Это дает нам уверенность. Это удаляет страх и беспокойство.

Сегодня наша проблема в христианской Церкви в том, что мы склонны к тому, чтобы слишком сосредотачиваться на самих себе и на этом мире. И нет истинного мира, нет безопасности, нет уверенности для тех, чьи жизни и мысли и цели — все сосредоточены на самих себе.

Было время, когда астрономы верили, что центром Вселенной была Земля, и вся Вселенная вращается вокруг Земли. Затем появился Галилей, и он чуть не заплатил своей жизнью за то, что провозгласил о том, что Земля — не является центром, и что она вращается вокруг солнца.

Такого же рода изменение требуется для нашего мышления. Мы так сосредоточены на земном. Нам нужно увидеть, что не мы являемся центром всего. Иисус Христос, Сын Праведности — Он является центром, а мы вращаемся вокруг Него. Когда мы обнаруживаем это, то чувство тревоги и нестабильности исчезает. Пока мы полагаемся только на свои собственные усилия и свои собственные способности, и стараемся изо всех сил — мы никогда не будем в безопасности. Помните о том, что Бог является нашим спасением.

2

БОГ ДЕРЖИТ ВСЕ ПОД КОНТРОЛЕМ

Итак, мы говорили о том, что Сам Бог является как Началом, так и Завершением. За всей Вселенной находится Личность, — Творец, Который также является Отцом. И когда мы видим это, то это дает нам совершенно новый взгляд на себя, на жизнь, на все, что происходит вокруг нас. Как видим, все имеет свое начало и завершение в Боге.

Павел суммирует это в простых, но глубоких по значению словах о Боге в Послании Римлянам 11:36:

Ибо все из Него, Им и к Нему.

Я впечатлен тем, что в английской версии этот стих состоит из 12 коротких односложных слов (в русском переводе еще меньше — это восемь слов, в каждом из которых не более четырех букв — примеч. переводчика). И все же вы пс могли бы сказать что-то более важное или глубокое, чем то, о чем говорят эти короткие слова. *«Ибо все из Него, Им и к Нему».* Все приходит от Бога, все приходит через Бога, и все приходит к своему завершению в Боге.

Сейчас мы попытаемся увидеть лишь проблеск высшего, суверенного Божьего контроля над всей Вселенной. Нет ничего во всей Вселенной, от самого большого до самого малого, что выпало бы из Божьего контроля. Мы просто посмотрим на некоторые утверждения в Писании, которые указывают нам на это.

БОГ КОНТРОЛИРУЕТ ЗВЕЗДЫ

В Псалме 146:4-5 псалмопевец говорит:

(Бог) исчисляет количество звезд; всех их называет именами их. Велик Господь наш и велика крепость Его, и разум Его неизмерим...

Нет предела Божьему ведению, Божьему пониманию. Ничто не ускользает от Его внимания.

Затем, в Книге пророка Исаии 40:26 сказано:

Поднимите глаза ваши на высоту небес и посмотрите, кто сотворил их? Кто выводит воинство их счетом? Он всех их называет по имени...

Это так впечатляет меня! Богу есть дело до каждой звезды. Он называет каждую звезду по имени!

...по множеству могущества и великой силе у Него ничто не выбывает.

Что удерживает звезды на своих местах? Бог, Его сила, Его знание, Его власть.

В связи с этим я хотел бы прочесть всего несколько слов из моей книги *«Звуки арфы Давида»*. Комментируя эти стихи из Псалма

146:4-5, я написал следующее:

Псалмопевец дает нам объективный, научный критерий, согласно которому можно измерить ведение и силу Господа. Астрономы и не дерзают подсчитать количество звезд во Вселенной. Однако они говорят нам, что их количество исчисляется миллиардами миллиардов. Однако Бог знает точное количество звезд. Он имеет прямую связь с каждой из них, и Он контролирует их движения.

Движения звезд настолько точны и выверены, что астрономы могут математически вычислить, где была каждая звезда тысячи лет назад, или где она будет через тысячи лет. Но давайте никогда не будет приписывать такую точность некой лишенный смысла слепой «силе», или «закону». За всем этим стоит бесконечная мудрость Творца, чья забота распространяется до самых удаленных краев Его Вселенной.

Более того, псалмопевец говорит нам, как Бог контролирует звезды: Он называет каждую из них по имени. В Библии имя выражает суть индивидуального характера личности или объекта, которому дано имя. Для Бога даже звезды не являются просто бессмысленными кусками материи, которые отличаются только по месту расположения или величине. У каждой есть свое имя. Каждая звезда реагирует на свое имя, когда Бог произносит его.

БОГ ТАКЖЕ КОНТРОЛИРУЕТ ХОД ИСТОРИИ ЧЕЛОВЕЧЕСТВА

Был великий языческий царь, Навуходоносор, царь Вавилона, который лично повстречался с Божьей силой и мудростью. Бог настолько смирил его, что он был вынужден семь лет вести себя, как животное, ходить по полям обнаженным и есть траву, его волосы и ногти отрасли, как волосы и когти зверей и птиц. И когда он выучил этот урок, Бог восстановил его на царстве. И в этих словах в Книге пророка Даниила 4:31-32 Навуходоносор делает вывод из своего урока о Боге. Он говорит об истинном Боге, о Господе, и он говорит так:

По окончании же дней тех, я, Навуходоносор, возвел глаза мои к небу, и разум мой возвратился ко мне; и благословил я Всевышнего, восхвалил и прославил Присносущего, Которого владычество - владычество вечное, и Которого царство - в роды и роды. И все, живущие на земле, ничего не значат; по воле Своей Он действует как в небесном воинстве, так и у живущих на земле; и нет никого, кто мог бы противиться руке Его и сказать Ему: «что Ты сделал?»

Бог, имея дело с людьми, делает только то, что Сам считает нужным. Все царства, все правительства, все народы подотчетны Ему. Он управляет ними согласно Своей мудрости. Он возвышает и низвергает их. Он расширяет их, а затем вновь уменьшает их. Он контролирует совершенно все. История человечества не является серией случайных событий, смысла которых никто не понимает и никто не контролирует. За всем этим стоит та же Личность, которая находится и за всей Вселенной: Бог, Творец, — Творец звезд, Который является также Творцом и людей. И царь Навуходоносор говорит: *«Нет никого, кто мог бы противиться Ему, или сказать Ему: «что Ты сделал?»»*.

НИКТО НЕ МОЖЕТ РАССТРОИТЬ БОЖЬИ ПЛАНЫ

Относительно народов сказано в Псалме 32:10-11:

Господь разрушает советы язычников, уничтожает замыслы народов.

Разуметься, когда они не соответствуют Его планам и Его целям.

Совет же Господень стоит вовек; помышления сердца Его - в род и род.

В конечном итоге, вся история явится свидетельством исполнения Божьего вечного плана и целей, и нет такой силы в истории человечества, которая могла бы противиться, или противостать, или расстроить Божьи цели.

Это относится также и к *отдельным личностям*. В Книге Иова мы читаем, как Иову было позволено пройти через потрясающие испытания и страдания, но в конце он имел что-то, что было более ценным, чем все эти страдания, что заставило их выглядеть незначительными: он получил личное откровение о живом Боге.

И после этого откровения Иов говорит в Книге Иова 42:1-2:

> *И отвечал Иов Господу и сказал: знаю, что Ты все можешь, и что намерение Твое не может быть остановлено.*

Братья и сестры, когда мы на самом деле приходим к пониманию, что Бог все может, и что Его намерение не может быть остановлено, то больше нет места для беспокойства. Нет больше места для тревоги. И это действительно дает нам полный мир.

БОГ МОЖЕТ ВСЕ

Никакое Его намерение не может быть остановлено. Более того, *мы, верующие во Христа, являемся частью Его намерения, Его плана.* Павел очень ясно говорит об этом в Послании Ефесянам 1:11:

> *В Нем* (т.е. в Иисусе Христе) *мы и сделались наследниками, быв предназначены к тому по определению Совершающего все по изволению воли Своей...*

Задержимся на этом утверждении. Итак, Бог совершает все по изволению воли Своей. Нет ничего вне Его контроля, ничто не может ускользнуть между Его пальцев, Он ничего не забывает. Он ничего не упускает из виду. Нет ничего, что могло бы поставить Его в тупик. У Него нет непредвиденных ситуаций. Все под Его контролем.

И все в наших жизнях, то есть тех из нас, кто верят в Иисуса Христа, предназначено для исполнения Божьего вечного суверенного плана для нас. Павел говорит об этом в Послании Римлянам 8:28:

> *Притом знаем, что любящим Бога, призванным по Его изволению, все содействует ко благу.*

Не важно, что происходит в наших жизнях — мы можем столкнуться с кажущимися испытаниями, разочарованиями, опасностями, отчаянием — все мы проходим через нечто подобное. Но мы знаем, что за всем этим стоит Бог, и Он делает так, что все нам содействует ко благу.

Позвольте мне сказать в заключение, что есть три условия, которым мы должны соответствовать, чтобы это было полностью верно в наших жизнях.

Во-первых, мы должны любить Бога. Это только для любящих Бога.

Во-вторых, мы должны быть призваны Богом. Мы должны знать наше призвание, и позднее мы более подробно поговорим о нашем призвании.

В-третьих, мы должны ходить в согласии с Божьей целью для нас.

Выполняя эти три условия, — мы любим Бога, мы призваны Богом и ходим в своем призвании, и мы движемся в Божьей предназначении для нашего призвания, — мы знаем, что Бог сделает так, что все происходящее будет содействовать нам ко благу.

Позвольте мне просто суммировать то, что я сказал.

Итак:

Бог контролирует звезды.

Он контролирует историю человечества.

Он контролирует жизни отдельных личностей.

Но прежде всего, Он контролирует и приводит в исполнение Свои цели в жизнях тех из нас, кто верит в Иисуса Христа. У Него есть план, и это хороший план, и Он начал претворять его в жизнь, и Он исполнит его до конца. Никто не может расстроить этот план. Пусть это утешит вас. Пусть это вдохновит вас. И пусть это Слово Божье положит конец вашим переживаниям и тревогам.

3

СЕМЬ ЭТАПОВ БОЖЬЕГО ПЛАНА

Итак, мы говорили о том, что за всем, что происходит, находится Бог, и что Он контролирует все во всей Вселенной. Нет ничего во Вселенной, что находилось бы вне Его контроля. Он контролирует звезды. Он контролирует историю человечества. Он контролирует народы. Он контролирует жизни отдельных людей. Но, что еще важнее, у Бога есть план для жизни каждого из нас, как и для всей Вселенной, и Он исполняет этот план, как и контролирует любую часть Вселенной.

Павел говорит, что этот план задуман для нашего блага. Мы часть Его плана. Все в нашей жизни работает на исполнение этого план. В Послании Римлянам 8:28 Павел говорит так:

Притом знаем, что любящим Бога, призванным по Его изволению, все содействует ко благу.

Затем в следующих двух стихах Павел начинает объяснять, как Бог это совершает. Он показывает нам, что есть семь последовательных этапов в исполнении Божьего плана. Он говорит так в Послании к Римлянам 8:29-30:

*Ибо кого Он предузнал, тем и предоп-
ределил быть подобными образу Сына
Своего, дабы Он был первородным
между многими братиями. А кого Он
предопределил, тех и призвал, а кого
призвал, тех и оправдал; а кого оправдал, тех и прославил.*

Итак, вы можете увидеть, что Павел указывает на пять последовательных этапов в
зарождении и исполнении Божьего плана.

Во-первых, Бог предузнал.

Во-вторых, Он предопределил.

В-третьих, Он призвал.

В-четвертых, Он оправдал.

В-пятых, Он прославил.

Однако чтобы получить более полную
картину этих этапов в Божьем плане и того,
как они связаны друг с другом, нам нужно
посмотреть на два других отрывка в Новом
Завсто, которые дополняют наше понимание
этого плана. Когда мы совместим эти отрывки, то мы увидим, что на самом деле суще-
ствуют семь последовательных этапов в полном Божьем плане. Для этого мы сначала
заглянем в Послание к Ефесянам 1:3-5:

*Благословен Бог и Отец Господа на-
шего Иисуса Христа, благословивший
нас во Христе всяким духовным благословением в небесах, так как Он
избрал нас в Нем прежде создания
мира, чтобы мы были святы и непорочны пред Ним в любви, предопреде-
лив усыновить нас Себе чрез Иисуса*

Христа, по благоволению воли Своей...

Видите, здесь опять показана та же истина: *у Бога есть план, Он его выполняет, и мы, верующие в Иисуса, находимся в самом центре Его плана.* В определенном смысле, хотя это может показаться удивительным, но в действительности все вращается вокруг нас. В исполнении этого плана Павел добавляет еще что-то, что не было упомянуто в восьмой главе Послания к Римлянам. Он пишет в Послании к Ефесянам 1:4:

Он (Бог) *избрал нас в Нем* (во Христе) *прежде создания мира...*

Итак, есть еще одна стадия Божьего плана. Бог избрал нас во Христе, и это избрание произошло не во времени, это не часть истории человечества, Бог сделал этот выбор прежде создания мира. Это потрясающая мысль, если задуматься над этим. Но вскоре мы увидим это более полно.

Давайте посмотрим на еще одну фазу, которая завершает эти семь этапов Божьего плана. Она указана во Втором послании Тимофею 1:9, где Павел говорит:

...Спасшего нас и призвавшего званием святым, не по делам нашим, но по Своему изволению и благодати, данной нам во Христе Иисусе прежде вековых времен...

И снова ударение делается на том, что этот план начался не во времени. Это не что-то, что Бог придумал, в качестве «пожарной меры» тогда, когда появились проблемы, но это было рождено и было определено в Божьем разуме еще до начала истории. Здесь сказано *«прежде вековых времен»*. В другом переводе говорится *«еще до начала времени»*.

Итак, нам надо получить другой взгляд на самих себя и на всю нашу ситуацию. Нам надо увидеть что-то дальше, чем наш сегодняшний день с его мелкими проблемами, раздражениями и беспокойствами. Нам нужно, как сказал пророк Исаия, *«поднять наши глаза на высоту небес и посмотреть на множества звезд»*. Нам надо увидеть Того, Кто сотворил это, и Кто контролирует это. И увидеть, что Тот самый Бог, Который сотворил и контролирует все это, имеет план, который Он исполняет в наших жизнях. Бог настолько милостив и чудесен, что через Свое драгоценное Слово Он открывает нам то, как будет исполнен Его план.

Если мы совместим разные отрывки Писания, которые мы рассматривали, то мы обнаружим эти семь последовательных этапов в Божьем плане.

Во-первых, Он *предузнал,* — все начинается с Божьего предузнания.

Во-вторых, на основании того, что Он предузнал, Он *избрал* нас.

В-третьих, на основании Своего выбора, Он *предопределил* нас (я дам объяснение всем этим терминам ниже).

В-четвертых, Он *призвал* нас.

В-пятых, когда мы ответили на Его призыв через Иисуса Христа, Он *спас* нас.

В-шестых, когда Он нас спас, Он нас *оправдал*.

Но никогда не останавливайтесь на этом. Я думаю, что мышление большинства христиан останавливается на этом, но седьмой этап не менее чудесен:

В-седьмых, Он *прославил* нас!

Позвольте мне сказать немного подробнее о каждом из этих последовательных этапов.

Во-первых, Бог предузнал нас. Бог имеет все познание. Мы рассмотрим это подробнее в следующей части. И Бог все основывает на Своем ведении. Вы можете сказать: *«Откуда Бог знал, что все таким образом получится?»* Бог знает все. Прошлое, настоящее и будущее одинаково хорошо известно Ему. И так важно увидеть, что все исходит из Божьего предузнания. Нет ничего произвольного, нет ничего случайного. Бог не поддается порыву, Он действует, исходя из всего знания.

Во-вторых, Он *избрал* нас. Бог избрал нас, чтобы мы принадлежали Ему. Он избрал нас для особой цели.

В-третьих, избрав нас, Он *предопределил* нас. Это слово, которое не нравится одним людям, и пугает других. Но слово *предопределил* проще говоря, означает то, что *«Бог разработал такое направление для нашей жизни, чтобы Его цели исполнились».*

Видите, насколько это все логично? Все должно идти вместе, и все должно идти именно в этом порядке. Сначала Бог предузнал. На основании Своего предузнания, — Он избрал. Чтобы Его выбор был эффективным, Он предопределил — заранее разработал направление для нашей жизни. Все это имеет место в вечности, хотя это может казаться слишком чудесным, но это было прежде сотворения, прежде чем был запущен ход истории. Бог задумал эти цели и разработал то, как Он будет выполнять их.

Затем мы перемещаемся из вечности во время, и вот очень важный момент в жизни каждого из нас, потому что именно здесь, в этот момент вечная цель Бога встречается с нами лично, она переходит из вечности во время и в наши жизни:

В-четвертых, Он *призвал* нас. Слово *призвал* означает две вещи. Оно означает, как *пригласить*, так и *вызвать в обязательном порядке*. Это приглашение, но оно имеет в себе всю власть вызова от царя. Нас приглашают присоединиться к Его семье через веру в Иисуса Христа.

Когда мы отвечаем положительно на этот призыв, то Бог спасает нас, мы входим в спасение. Мы спасены от греха, от его вины, от его силы, от его осквернения. Таким образом:

В-пятых, Бог обеспечил полное спасение через Иисуса Христа.

В-шестых, когда мы спасены, то Бог также и *оправдывает* нас. Слово *оправдывать*

— это немного техническое богословское слово. Оно имеет несколько значений, объединенных вместе: *оправдывать, засчитывать праведность, и сделать праведным*. Итак, на основании того факта, что мы спасены через веру в Христа, Бог освобождает нас от всей вины, Он считает нас праведными и в процессе времени Он делает нас праведными.

Но это еще не конец. Последний, этап:

В-седьмых, Он прославляет нас. Видите ли, Библия говорит, что мы оправданы через *воскресение* Христа, но затем мы прославлены через *вознесение* Христа. Мы отождествляем себя со Христом в смерти, погребении, воскресении и вознесении, — наша цель, наша судьба, завершение этого плана в том, что мы будем разделять славу Христа и сидеть с Ним на престоле в вечности.

Позвольте мне еще раз назвать эти семь этапов:

Бог предузнал нас.

Он избрал нас.

Он предопределил нас.

Он призвал нас.

Он спас нас.

Он оправдал нас.

Он прославил нас.

Вот это путешествие, и вот место нашего назначения. Иметь участие в Божьей славе с Иисусом Христом на Престоле в вечности.

4

ПЕРВЫЙ ЭТАП:
БОГ ПРЕДУЗНАЛ

Итак, мы говорили о том, что у Бога есть план, который берет начало в вечности, исполняется во времени, и снова устремляется в вечность. Подобно Самому Богу, Который Сам от вечности в вечность. И все, что делает Бог, имеет на себе отпечаток вечности. Этот план относится к нам. В частности к тем из нас, кто верит в Иисуса Христа как Спасителя, и стал членом Божьей семьи. Как я уже отметил, Бог указывает в Писании на семь последовательных этапов в выполнении Его плана. Я перечислю их, потому что нам важно иметь их перед собой.

Прежде всего, и это имело начало в вечности: 1) Бог предузнал, 2) Он избрал, 3) Он предопределил нас. Все это имело место в вечности. Затем этот план переходит из вечности во время и влияет на нашу жизнь: 4) Он призвал нас. Когда мы ответили на призыв: 5) Он спас. Когда Он спас, 6) Он оправдал. И оправдав, 7) Он прославил нас.

Итак, я собираюсь разобрать все эти семь этапов по порядку и более подробно объяснить, что включает в себя каждый этап. Сейчас мы рассмотрим первый этап: *Бог предуз-*

нал. Павел утверждает это в Послании к Римлянам 8:29, и мы уже рассматривали этот стих:

> *Ибо кого Он предузнал, тем и предопределил быть подобными образу Сына Своего...*

Обратите внимание, все начинается с того, что Бог предузнал. Апостол Петр делится тем же самым откровением, но он относит его к нашему избранию. Он начинает свое послание так, Первое послание Петра 1:1-2:

> *Петр, Апостол Иисуса Христа, пришельцам, рассеянным в Понте, Галатии, Каппадокии, Асии и Вифинии, избранным, по предведению Бога Отца...*

Не будем касаться географических названий, это не так важно. Обращаясь к верующим в Иисуса Христа, Петр говорит: *«избранным по предведению Бога Отца...»*. Сопоставив два прочитанных нами места Писания, мы увидим, что прежде всего Бог предузнал. И из Его предузнания исходит Его выбор, и из Его выбора — Его предопределение.

Но сейчас мы сосредоточимся на Божьем ведении. *Предузнал* означает, что Он просто знал заранее. Это часть Его общего ведения. Я бы сказал, что нет более потрясающей черты Бога, чем Божье ведение. Даже когда мы размышляем об этом, нам нужно склониться в почтении и поклонении. Что знает Бог? Позвольте мне выразить одним словом то, что знает Бог. Это очень просто — Он знает *ВСЁ*.

Давайте никогда не будем забывать об этом факте. В Первом послании Иоанна 3:20 сказано:

Потому что Бог больше сердца нашего и знает все.

Как вы думаете, что означает *всё*? Это означает *всё*. Нет ничего в прошлом, настоящем или будущем, здесь на земле или в самых отдаленных уголках вселенной, нет ничего, о чём не знал бы Бог. Он знает о самых больших вещах и о самых маленьких.

Мы уже рассматривали, что Он имеет близкое личное знание звезд: «*Он называет их по имени*». Давайте просто обратимся к этим словам в Псалме 146:4 еще раз:

...Исчисляет количество звезд; всех их называет именами их.

Хотя они исчисляются миллиардами миллиардов, Он знает каждую их них. Он знает имя каждой из них, и Он называет их по имени. И они отзываются на Божий голос. Это чудесная мысль.

Бог знает не только звезды. Давайте спустимся немного пониже. Он знает воробьев — это одни из самых обыкновенных птиц. Почти по всему миру вы можете обнаружить воробьев.

Я путешествовал во многих странах, и я не могу вспомнить ни одну страну, где я не обнаружил бы воробьев. И их не ценят, никто особо не задумывается о воробьях. Мертвого воробья находят в сточной канаве, и никто об этом не задумывается. Но вот что говорит Иисус о том, как относится Бог к воробьям. В Евангелии от Матфея 10:29 Он говорит:

Не две ли малые птицы (речь идет о воробьях) *продаются за ассарий? И ни одна из них не упадет на землю без воли Отца вашего...*

Обратите вниманию на такую математику. Два воробья продаются за одну мелкую монету, но в Евангелии от Луки 12:6 Иисус говорит:

Не пять ли малых птиц (воробьев) *продаются за два ассария? и ни одна из них не забыта у Бога.*

Вы можете купить двух воробьев за одну мелкую монету. Если подсчитать, то четырех воробьев можно было бы купить за две монеты. Но когда вы платите две монеты, то вы получаете пятого воробья бесплатно. Таким образом Иисус говорит, что даже этот пятый воробей, который дается как бонус, не забыт Богом. Я слышал, как один человек когда-то сказал, и у меня появились слезы на глазах: *«Бог уделяет время тому, чтобы посетить похороны воробья».* Мы им не уделяем внимания, мы считаем их очень незначительными, но Бог знает каждого из них, и никто из них не упадет на землю без воли Отца.

Затем есть еще одно, что знает Бог, а мы наверняка не знаем: Он знает количество волос у нас на голове. Иисус сказал в Евангелии от Матфея 10:30:

...У вас же и волосы на голове все сочтены...

Никто из нас не может точно подсчитать количество волос у себя на голове. У кого-то их больше, у кого-то меньше. Но даже те из нас, у кого их меньше, мы все равно не можем подсчитать их, но Бог знает количество волос на голове каждого человека живущего сегодня в мире.

Бог знает каждого из нас досконально. Это больше, чем знание количества волос. Вот прекрасный отрывок, и я собираюсь задержаться на нем ненадолго. Это Псалом 138:1-7. И я бы сказал, что у Давида в начале почти перехватило дыхание от изумления:

Господи! Ты испытал меня и знаешь. Ты знаешь, когда я сажусь и когда встаю; Ты разумеешь помышления мои издали. Иду ли я, отдыхаю ли — Ты окружаешь меня, и все пути мои известны Тебе. Еще нет слова на языке моем, — Ты, Господи, уже знаешь его совершенно. Сзади и спереди Ты объемлешь меня, и полагаешь на мне руку Твою. Дивно для меня ведение Твое, — высоко, не могу постигнуть его! Куда пойду от Духа Твоего, и от лица Твоего куда убегу?

Подумайте немного о том, что говорит Давид. Бог знает наши мысли издалека. Однажды я слышал слова человека, у которого было откровение от Бога: ангел, принесший ему откровение, сказал ему: *«Мысли людей так же громко звучат на небесах, как и их голоса на земле»*. Это шокировало меня. Но это то, что Давид говорит здесь:

Ты разумеешь помышления мои издали. Иду ли я, отдыхаю ли - Ты окружаешь меня, и все пути мои известны Тебе.

Ты знаешь, куда я иду, Ты знаешь, где меня можно найти в любой момент.

Еще нет слова на языке моем, - Ты, Господи, уже знаешь его совершенно.

Бог знает, что мы скажем, еще до того, как мы сказали это.

Сзади и спереди Ты объемлешь меня...

Ты окружаешь меня,

И полагаешь на мне руку Твою.

И когда мы размышляем об этом, в нас эхом отзываются слова Давида:

Дивно для меня ведение Твое, - высоко, не могу постигнуть его!

И затем он говорит:

Куда пойду от Духа Твоего, и от лица Твоего куда убегу?

Это ключ к пониманию того, каким образом Бог знает все во всей Вселенной − Он знает все благодаря Своему Духу. Дух Божий пронизывает всю Вселенную. Нет такого места, где не присутствует Божий Дух. И через Свой Дух Бог знает все то, о чем здесь говорится.

Я хотел бы прочитать тот же псалом немного дальше. Псалом 138:13-16:

Ибо Ты устроил внутренности мои и соткал меня во чреве матери моей.

«Прежде, чем я родился в этот мир — говорит Давид *— Ты сформировал меня во чреве моей матери».*

Славлю Тебя, потому что я дивно устроен.

Я чувствую то же самое, когда я размышляю о Божьем ведении, — оно чудесно, но оно и пугающе. Я чувствую благоговейный трепет.

Дивны дела Твои, и душа моя вполне сознает это. Не сокрыты были от Тебя кости мои, когда я созидаем был в тайне, образуем был во глубине утробы.

Это удивительная мысль. Мы читаем, что Бог сделал человека из праха земного, но здесь мы читаем, что прах был *«сформирован в глубинах земли»* (в Синод. переводе: *«во глубине утробы»* — примеч.переводчика), прежде, чем Бог использовал его, чтобы сотворить человека. Итак, Бог не просто начал с праха, но Он начал химический процесс в глубинах земли, который в конечном итоге произвел этот прах. И затем он говорит:

> *Зародыш мой видели очи Твои; в Твоей книге записаны все дни, для меня назначенные, когда ни одного из них еще не было.*

Давид говорит: «*Ты знаешь каждый процесс, через который пройдет мое тело. Ты знал, когда должен был сформироваться каждый член моего тела. Ты знал, когда произойдет каждое событие в моей жизни. Нет ничего, чего бы Ты ни знал, не только сейчас, но и в будущем*». И если мы совместим это со словами Павла и Петра, то мы увидим, что это знание приходит из вечности. Бог знает через Свой Дух прошлое, настоящее, будущее, маленькое, великое, важное, незначительное, каковы мы внутри, каковы мы снаружи, нашу физическую природу, наш эмоциональный характер — Бог знает все это.

5

ВТОРОЙ ЭТАП: ИЗБРАННЫЕ

В предыдущих частях мы говорили о том, что у Бога есть план для жизни каждого из нас. И это является частью общего плана, который есть у Него для всей Вселенной. Но в определенном смысле, мы, как Божьи дети через веру в Иисуса Христа, находимся в самом центре этого плана. Этот план был задуман в вечности, еще до сотворения мира, до начала времени. В нем семь последовательных этапов. О первом из них я говорил выше: *Бог предузнал*. Все в плане Божьем для нашей жизни вытекает из Божьего предузнания и все основано на Его предузнании. Сейчас я буду говорить о втором этапе Божьего плана: *Бог избрал*. Сначала Он предузнал, затем Он избрал.

Мы с вами вернемся и посмотрим на некоторые места Писания, на которые мы уже смотрели ранее. Послание к Ефесянам 1:3-4:

Благословен Бог и Отец Господа нашего Иисуса Христа, благословивший нас во Христе всяким духовным благословением в небесах, так как Он избрал нас в Нем прежде создания мира, чтобы мы были святы и непорочны пред Ним...

Обратите внимание, что все в этих стихах сосредоточено вокруг того факта, что Бог избрал нас. Его план уже разработан. Этот план основан на Его выборе. Он избрал нас, чтобы мы были святы и непорочны пред Ним. Я должен сказать, что если бы Бог не избрал нас, то я не имел бы веры, что это когда-то может произойти. Моя вера основана на факте, что Бог сделал выбор, а не я. И если Бог сделал выбор, то в определенном смысле я могу сказать с почтением: *«Его ответственность довести это до конца».*

Затем, мы читаем в Первом послании Петра 1:1-2:

Петр, Апостол Иисуса Христа, пришельцам, рассеянным в Понте, Галатии, Каппадокии, Асии и Вифинии, избранным, по предведению Бога Отца...

Я указал ранее — но хочу снова заверить вас в этом — Бог знал (или предузнал), и затем Он избрал. Его выбор всегда основан на Его знании. Это должно помочь нам избавиться от многих страхов. Если Бог избрал нас что-то сделать, то Он сделал это потому, что Он знает, что по Его благодати мы сможем сделать то, для чего Он избрал нас. Видите ли, очень важно понять, что всегда, когда Бог имеет дело с человеком — да даже и со всей Вселенной — то всегда именно Бог проявляет инициативу. Бог никогда не выпускает инициативу из Своих рук.

Это верно по отношению к различным сторонам действий Бога, описанных в Новом Завете. Позвольте мне дать вам несколько примеров, потому что я думаю, что сегодня многие из нас почти не отдают инициативу в Божьи руки. Мы склонны думать, что все зависит от того, что мы делаем, и если мы этого не сделаем, то это и не произойдет. Это верно в каком-то смысле, но в действительности не в этом заключается истина. Истина в том, что Бог призывает все к жизни. Например, в отношении рождения свыше или спасения, инициатива принадлежит Богу. Многие люди думают, что они родились свыше потому, что они сами так решили. Но это не есть истина. Мы рождаемся свыше, потому что Бог так решил. Мы должны отреагировать на Его решение, но без Его решения этого бы никогда не произошло. Послание Иакова 1:18:

Восхотев, родил Он нас словом истины, чтобы нам быть некоторым начатком Его созданий.

Обратите внимание: «*восхотев, родил Он нас*». Мы родились свыше, потому что Бог захотел этого. Другой возможный перевод этого же стиха: «*Он избрал дать нам рождение через слово истины*». Помните о том, что наше рождение это не наш выбор, но выбор Божий.

Это верно также в отношении спасения, которое является другой стороной того же самого. Во Втором послании к Фессалоникийцам 2:13 Павел говорит:

> *Мы же всегда должны благодарить Бога за вас, возлюбленные Господом братия, что Бог от начала, через освящение Духа и веру истине, избрал вас ко спасению...*

Обратите внимание, это Бог избрал вас ко спасению. Вы спаслись не потому, что вы избрали это, но вы спаслись потому, что Бог избрал это. Никогда не выхватывайте инициативу из Божьих рук. Пока вы видите, что инициатива в Божьих руках, вы можете быть спокойны и можете чувствовать себя уверенно. Но если вы думаете, что все начинается с вас, то вы никогда не будете чувствовать настоящий внутренний покой и мир. Вы всегда будете чувствовать тревогу.

Это также верно в отношении апостольства. В Еангелии от Иоанна 15:16 Иисус сказал Своим апостолам:

> *Не вы Меня избрали, а Я вас избрал и поставил вас, чтобы вы шли и приносили плод, и чтобы плод ваш пребывал, дабы, чего ни попросите от Отца во имя Мое, Он дал вам.*

Иисус сказал: «*Не вы Меня избрали, а Я избрал вас, чтобы вы стали апостолами*». То же самое верно в отношении каждой функции в Теле Христовом. Мы получаем их не потому, что мы их избираем, но это происходит согласно выбору Господа.

Выступая на совещании в Иерусалиме,

Петр применил это к своей жизни. Деяния 15:7:

По долгом рассуждении Петр, встав, сказал им: мужи братия! вы знаете, что Бог от дней первых избрал из нас меня, чтобы из уст моих язычники услышали слово Евангелия и уверовали...

Петр пошел в дом Корнилия не потому, что сам так захотел, — он пошел потому, что Бог захотел этого. *Все значительное в Теле Христа и в служении Господу происходит благодаря Божьему выбору, а не выбору человеческому.*

То же верно по отношению к апостолу Павлу. У него было сверхъестественное откровение Иисуса на дороге в Дамаск. Он пошел в Дамаск и оставался там три дня слепым, без пищи и воды, и Бог послал другого ученика, Ананию, чтобы тот пришел и помолился за него, и чтобы он прозрел и исполнился Духом. Когда Анания пришел, он сказал следующее, Деяния 22:14-15:

Он же сказал мне (т.е. Анания сказал Павлу): *Бог отцов наших предъизбрал тебя, чтобы ты познал волю Его, увидел Праведника и услышал глас из уст Его, потому что ты будешь Ему свидетелем пред всеми людьми о том, что ты видел и слышал.*

Павел стал апостолом не потому, что он это выбрал. На самом деле, он бы никогда не выбрал этого. Если бы все зависело только от него самого, то вряд ли он даже подумал об этом. Более того, никто в Ранней церкви никогда не избрал бы Павла в качестве апостола. Он был бы последним в списке кандидатов. Они бы сразу вычеркнули его имя. Но Анания сказал: *«Бог отцов предъизбрал тебя, чтобы ты познал волю Его, увидел Праведника и услышал глас из уст Его, потому что ты будешь Ему свидетелем пред всеми людьми... »*.

Вы понимаете? Есть определенная уверенность, когда это Божий выбор. Это не так, что *«Бог хотел бы, чтобы ты был Его свидетелем»*, но *«ты будешь Ему свидетелем»*. Почему ты будешь Его свидетелем? Потому что Бог избрал тебя.

Если бы мы могли иметь такое отношение в нашей жизни, вместо того, чтобы пытаться быть кем-то, если бы мы только могли обнаружить то, кем мы являемся согласно избранию Божьему, тогда мы имели бы спокойную уверенность в том, что мы будем тем, кем Бог избрал нас.

Я хочу опять вернуться к этому факту и подчеркнуть еще раз, что Божий выбор основан на Его знании, на Его предузнании. Предузнание означает просто «знать что-то наперед». Есть очень ясный пример в случае с Авраамом. В Бытие 18:17-19 Господь говорит об Аврааме:

И сказал Господь: утаю ли Я от Авраама, что хочу делать! От Авраама

*точно произойдет народ великий и
сильный, и благословятся в нем все
народы земли, ибо Я избрал его для
того, чтобы он заповедал (в другом
переводе, «познал его, что он заповедует...»)* сынам своим и дому своему
после себя, ходить путем Господним,
творя правду и суд; и исполнит Господь над Авраамом, что сказал о нем.*

Почему Бог избрал Авраама? Потому что
Он знал его. Бог знал, что Авраам был человеком, в котором Он мог бы исполнить Свою
волю, человеком, который сделает то, что Бог
хочет осуществить. Это так утешительно, так
важно понимать — Божий выбор в нашей
жизни основан на Его знании нас. Никогда
не имейте такое отношение: *«Бог избрал меня,
чтобы я сделал что-то, но я не могу этого
сделать».* Бог знает, что вы можете это сделать. Если бы Он не знал, что вы можете
это сделать, то Он не избрал бы вас. Бог
избрал вас на основании Своего знания.

Очень интересно то, что есть разные переводы Бытие 18:19, и в одном говорится
«Я познал его», а в другом *«Я избрал его».*
Можно дать два перевода одному и тому же
слову. Я не буду исследовать все причины,
почему можно перевести так, или иначе. Но
это так ясно указывает на то, что Божье знание ведет к Его избранию. Нам нужно применять это в своей собственной жизни. Не
пытайтесь быть кем-то, кем Бог не избрал
вас быть. Не составляйте свой собственный

план. Не нужно стараться изо всех сил, потому что этого недостаточно. Найдите то, кем вы должны стать по избранию Бога. И это может сильно отличаться от того, что вы предполагали или планировали для себя. Но когда вы обнаружите то, каков Божий выбор, то вы можете знать наверняка, что он основан на Его предузнании Вас. И что Он достаточно хорошо знает вас, чтобы знать, кем по Его благодати — не без нее, но по Его благодати — вы можете быть и вы можете делать то, что Он избрал вас делать.

Позвольте мне закончить таким, возможно, довольно спорным утверждением. Я думаю, что это противоположно мышлению большей части современной Церкви, но *именно Бог делает Свой отбор*. Он не призывает добровольцев. Я думаю, что многие люди в Церкви приняли такое понимание, что они могут вызваться добровольцами на что-то, и Бог примет это. Это не верно. *Бог делает Свой выбор*, и Он не просит нас стать добровольцами. Он просит нас откликнуться на Его избрание.

6

ТРЕТИЙ ЭТАП: ПРЕДОПРЕДЕЛЕНЫ

Итак мы говорили о том, что у Бога есть совершенный план для жизни каждого верующего, — план, начинающийся в вечности, проявляющийся во времени, и затем опять переводящий нас в вечность. В этом плане есть семь последовательных этапов, повторим их снова:

Во-первых, Бог предузнал нас.

Во-вторых, Он избрал нас.

В-третьих, Он предопределил нас.

В-четвертых, Он призвал нас.

В-пятых, Он спас нас.

В-шестых, Он оправдал нас.

В-седьмых, Он прославил нас.

В двух последних частях я объяснил первые два этапа. Бог предузнал — абсолютно все основано на Божьем полном знании всего и всех во Вселенной. Он предузнал нас еще до того, как мы начали свое существование. На основании Своего знания, Он избрал нас. Очень важно еще раз подчеркнуть, что Божий выбор не был случайным, он был основан на Его знании. Бог знает нас, Он знает, что Он может с нами сделать, Он знает, как привести нас туда, куда Он обещал привести нас. Мы можем покоиться на абсолютном Божьем знании.

Итак, я буду рассматривать оставшиеся пять этапов этого процесса по порядку, начиная с третьего этапа: Бог предопределил нас. Существительное от глагола *предопределил* — это *предопределение*. И это несколько пугающее слово. Оно пугает людей. Они думают о каком-то тяжелом для понимания богословском термине, и склонны избегать его. На самом деле, значение этого весьма просто. Поскольку это очень важно, то я скажу это снова: *Бог заранее установил течение вашей жизни.*

Новый Завет делает большое ударение на том факте, что Бог предопределил нас. Я кратко процитирую пять последовательных примеров из Нового Завета. Во-первых, в Послании к Римлянам 8:29-30 сказано:

> *Ибо кого Он предузнал, тем и предопределил быть подобными образу Сына Своего, дабы Он был первородным между многими братиями. А кого Он предопределил, тех и призвал...*

Итак, здесь Павел дважды утверждает, что Бог предопределил тех, кого Он призвал. Обратите внимание, к чему мы предопределены, это очень важно. Многие склонны говорить о предопределении для других попасть на Небеса или в ад, и это часто оскорбляет людей, которые их слушают. Но здесь Павел говорит, что мы предопределены быть подобными образу Божьего Сына, Иисуса Христа.

Если кто-то говорит мне, что он предопределен к тому, чтобы попасть на Небеса, и я не вижу перемен в его жизни, и никакого следа благочестия, то я могу поставить под сомнение истинность его слов. Но если я вижу кого-то, кто в своей жизни и характере становится похожим на характер и природу Иисуса Христа, то я думаю, этому есть только одно объяснение — должно быть он действительно предопределен. Это не могло бы произойти никак иначе.

Затем в Послании к Ефесянам 1:3-6 мы находим такие чудесные слова Павла:

> *Благословен Бог и Отец Господа нашего Иисуса Христа, благословивший нас во Христе всяким духовным благословением в небесах, так как Он избрал нас в Нем прежде создания мира, чтобы мы были святы и непорочны пред Ним в любви...*

Обратите внимание: здесь Павел также подчеркивает тот факт, что Бог избрал нас, чего мы уже коснулись. Затем Павел продолжает:

> *... предопределив усыновить нас Себе чрез Иисуса Христа, по благоволению воли Своей, в похвалу славы благодати Своей, которою Он облагодатствовал нас в Возлюбленном* (то есть в Господе Иисусе Христе)...

Итак, Бог предопределил нас быть усыновленными Ему через Иисуса Христа. Это было Его благим намерением от вечности. И затем Павел говорит, что все это было задумано для исполнения к похвале славы благодати Его.

Обратите внимание на три цели предопределения. Во-первых, мы предопределены быть сынами Божьими, быть принятыми в Его семью, стать частью Его семьи. Во-вторых, это все предопределено для того, чтобы принести славу Богу. Как видите, конечная цель всего во Вселенной — прославить Бога.

Сущность греха в провале выполнения задачи прославления Бога. Павел говорит в Послании к Римлянам 3:23, что *все согрешили и лишены славы Божьей»*. В другом переводе: *«И выпали из славы Божьей»*. Т.е. не достигли конечной цели — прославления Бога. Итак, Божья цель в предопределении заключается в том, чтобы снова обрести Свою славу, в которой наш грех обокрал Его. И Он делает это через Свою благодать, не через наши дела. Не через наши усилия, но через Свою благодать, Он приводит нас в Свою семью таким образом, что наши жизни приносят славу Ему.

Итак, обратите внимание на три цели, указанные здесь. Я коротко суммирую их.

Мы предопределены стать сынами.

Мы предопределены принести Богу славу.

И это предопределено произойти по Его благодати.

Я уверен, что те из нас, кто реалисты в отношении самих себя, признают, что если бы не Божья благодать, то этого бы никогда не произошло.

Затем, еще один отрывок, Послание к Ефесянам 1:11-12:

> *В Нем (т.е. в Иисусе Христе) мы и сделались наследниками, быв предназначены к тому по определению Совершающего все по изволению воли Своей, дабы послужить к похвале славы Его нам, которые ранее уповали на Христа.*

Еще раз обратите внимание, что мы предопределены согласно цели Бога, Который совершает все по изволению воли Своей. Это должно успокоить наши сердца. Если Бог решил сделать что-то, — Он это сделает.

И затем здесь опять подчеркивается, что это должно быть для хвалы Божьей славы. Конечная цель всегда — это Божья слава. Позвольте мне дать этому очень простое, практическое применение. Вы, как человек живущий на земле, не являетесь результатом простого стечения обстоятельств, — вы часть вечного плана, вы предназначены к тому, чтобы стать членом Божьей семьи, и все это произойдет через Его благодать и для Его славы.

Затем, Божье предопределение знает даже наши ошибки. Слава Богу, что это так. Он предвидит их, и всегда готов спасти нас от них по Своей благодати. Я хочу привести вам пример пророка Ионы. Бог призвал пророка Иону из гор Галилейских пойти на восток в Ниневию, чтобы предупредить этот город о грозящем ему уничтожении. Иона был израильтянин; Ниневия была столицей врага Израиля — Ассирии. Иона не хотел, чтобы Бог пощадил Ниневию. Итак, вместо того, чтобы пойти на восток в Ниневию, он отверг свое призвание, повернулся на запад и отправился в противоположную сторону. И если вы исследуете путь Ионы после этого, то каждый шаг, который он делал, отказавшись от Божьего призыва, был шагом вниз. Он спустился с гор на предгорье, с предгорья — на равнину, с равнины — в порт, из порта — на корабль, и с корабля — в глубину моря. Пусть это будет предупреждением для каждого из нас не отвергать Божий призыв в своей жизни. Но Бог имел Свой план, в котором было все предусмотрено. В Книге Ионы 1:4 мы читаем:

Но Господь воздвиг на море крепкий ветер, и сделалась на море великая буря, и корабль готов был разбиться.

Бог штормом остановил движение Ионы, и, в конце концов, моряки выбросили Иону за борт, но Книге Ионы 2:1 сказано:

И повелел Господь большому киту поглотить Иону; и был Иона во чреве этого кита три дня и три ночи.

Итак, у Бога уже был приготовлен кит. Поверьте мне, что если бы киту необходимо было проплыть пятьдесят километров до того места, то Иона был бы уже мертв к тому моменту, когда кит достиг бы этого места. Но кит уже был там и ждал Иону, потому что Бог назначил этого кита. Это предопределение.

Затем, после трех дней и трех ночей во чреве кита Иона передумал, отправился обратно в Ниневию и проповедовал то, что Бог сказал ему проповедовать. Город покаялся, но Иона очень разозлился, потому что он не хотел видеть того, что его врагов пощадили, и он ушел, и сел, и смотрел на город.

Было очень жарко, это то, что в Израиле называют *сирокко*, ужасный горячий ветер, который раскаляет все. Чтобы защитить Иону от солнца *«произрастил Господь Бог растение, и оно поднялось над Иною, чтоб над головою его была тень...».* Что ж, Иона был очень рад растению, но он все еще был недоволен, что Бог пощадил Ниневию, поэтому, чтобы научить Иону, Бог устроил так, чтобы растение, которое давало ему тень, засохло. Как Он сделал так, чтобы растение засохло? Он назначил червя. Написано: *«И устроил Бог так, что на другой день при появлении зари червь подточил растение, и оно засохло».*

Я хочу, чтобы вы обратили внимание на слово *«устроил»*, в другом переводе *«назначил»*. Бог назначил шторм, Он назначил кита, Он назначил растение и Он назначил червя, который съел это растение. Все это было устроено заранее. Бог заранее знал, что будет делать Иона, когда Он призвал его впервые. Бог не одобрял то, что Иона делал, но поскольку Иона был предопределен на это, в конечном итоге Бог сделал то, что Он хотел.

Это слово ободрения для вас и для меня. Не для того, чтобы были непослушны, но что бы мы знали, что даже если мы делаем ошибки, даже если мы начинаем идти в неправильном направлении, Божьем предопределении уже заранее взяло это в расчет. У Него есть шторм, у Него есть кит, у Него есть растение, у Него есть червь, есть все, что необходимо, чтобы вернуть нас в гармонию с Его волей.

7

ЧЕТВЕРТЫЙ ЭТАП: ПРИЗВАНЫ

Итак, тема, которую мы разбираем, сможет привести вас в новое место уверенности в Боге. Мы узнали, что у Бога есть план, раскрывающийся в семи стадиях из вечности, через время, и переходящий опять в вечность. Это план для каждого из нас.

В предыдущих разделах мы рассмотрели первые три стадии этого плана: 1) *Бог предузнал нас*, 2) *Он избрал нас*, 3) *Он предопределил нас*.

Мы рассмотрели несколько пугающее слово *«предопределение»*, и я говорил о том, что на самом деле его не стоит бояться. Оно означает лишь то, что заранее Бог определил направление, в котором будет течь ваша и моя жизнь. Это предопределение распространяется и на те ситуации, когда мы сходим с этого курса. И я приводил пример пророка Ионы, когда Иона пошел в направлении, противоположному тому, куда Бог призвал его идти, но Бог заранее все предусмотрел, чтобы остановить Иону и обратить его. И если будет необходимо, то Бог сможет и будет делать это в наших жизнях, но Его предопределение для нас останется неизменным.

Итак, сейчас мы рассмотрим четвертый

этап: *Бог призвал нас.* Все три первых этапа, которые мы рассматривали — Бог предузнал, Бог избрал и Бог предопределил — относятся к сфере вечности. Они были завершены еще до начала времени. Я думаю, что нам очень важно понять это. Это дает нам другое осознание самих себя, куда мы идем, и откуда мы пришли. Мы не просто временные существа, наши корни в вечности — в вечном разуме, сердце и совете Божьем.

Эта четвертая стадия, в которую мы вступаем, отличается тем, что на этом этапе Божий план спускается из вечности во время, и впервые оказывает влияние на жизнь каждого из нас. Поэтому тот момент, когда Бог призывает вас и меня, возможно, самый решающий момент в жизни любого человека, потому что судьба всего его будущего зависит от нашего ответа на Божий призыв.

Очень ярко помню то, что происходило много лет назад, в начале моего христианского пути. Не имея никакого опыта в духовном понимании или познании Библии, как член англиканской церкви, который прекратил посещать свою церковь — фактически, номинальный христианин, потому что я никогда не знал реальности Иисуса Христа — я внезапно, неожиданно, драматическим образом встретился с Божьим призывом. И во всем моем невежестве, и во всей моей тьме, благодаря откровению я увидел только одну вещь: что я не могу ожидать или просить того, что Бог когда-нибудь повторит Свой призыв ко мне. Я увидел, насколько это был решающий момент для всей моей жизни. Как я должен был ответить на Божий призыв? И я благодарю Бога от всего сердца, что по Его благодати я ответил правильно.

Итак, когда я сегодня говорю о призыве — о Божьем призыве. Если Бог призывает вас, если это сейчас происходит в вашей жизни, я хочу очень настоятельно сказать вам: *это самый решающий момент в вашей жизни*. Пожалуйста, отнеситесь к этому со всем вниманием. Не просто к мои словам, но к Божьему голосу, говорящему к вам.

Позвольте мне дать определению слову *«призывать»*. Как уже было сказано, оно имеет два значения: *«приглашать»* и *«вызывать в обязательном порядке»*.

Приглашение — это когда вас зовут на что-то приятное. Но вызов всегда представляет собой призыв от властей. Призыв Божий включает в себя и то, и другое. Это приглашение ко всем благословениям Божьим в Иисусе Христе, но это также и вызов от Верховного Правителя Вселенной. Мы не можем просто пожать плечами и сказать: *«Мне не очень хочется этого...»*, потому что мы имеем дело со Всемогущим Богом.

Инициатива здесь исходит от Бога. Он призывает, мы реагируем на Его призыв. В этот момент Он требует ответа от нас. Его предузнание, Его выбор, Его предопределение были просто фактами вечности. Но когда мы сталкиваемся с Его призывом, то на это с нашей стороны нужен ответ. И я уже сказал это, но я еще раз подчеркну это: наш ответ определяет всю нашу последующую жизнь.

Итак, проповедь Евангелия — это Божье приглашение, и принятие приносит спасение. Павел объясняет это в Втором послании к Фессалоникийцам 2:13-14:

> *Мы же всегда должны благодарить Бога за вас, возлюбленные Господом братия, что Бог от начала, через освящение Духа и веру истине, избрал вас ко спасению, к которому и призвал вас благовествованием нашим, для достижения славы Господа нашего Иисуса Христа.*

Обратите внимание, что здесь Павел опять подчеркивает тот факт, что избирает Бог. Сказано, что Он избрал вас ко спасению. Затем говорится, что Бог призвал вас ко спасению через проповедь нашего Евангелия (Благой Вести для нас). Итак, когда вы слышите проповедь Евангелия, это Божий призыв, это Божье приглашение, это Божий вызов ко спасению. Наконец, Павел заканчивает такими словами: «*для достижения славы Господа нашего Иисуса Христа*». И я указывал вам на то, что во всем, что Бог делает во всем Его предопределении, целью всегда является Его слава.

Божий выбор выражается в наших жизнях через Его призыв. Пока Бог не призовет нас, мы не знаем, что Он избрал нас. Но с этого момента мы оказываемся перед лицом очень важного факта, что Бог избрал нас. Принятие призыва приносит спасение. Спасение, в свою очередь, открывает путь для исполнения нашего призвания.

Теперь мне нужно объяснить это. Вы призваны к спасению. Когда вы переживаете спасение, вы обнаруживаете (или вам следует обнаружить), что спасение открывает путь для исполнения того, для чего Бог призвал вас. Это очень важно. Многие спасенные люди не осознают этого. Если вы спасены, то вы призваны. Возможно, вы еще не обнаружили свое призвание, но вы призваны. Вот что Павел говорит в Втором послании Тимофею 1:9:

...Спасшего нас и призвавшего званием святым...

Бог спас нас и Он призвал, обратите на это внимание.

...не по делам нашим, но по Своему изволению и благодати, данной нам во Христе Иисусе прежде вековых времен...

В другом переводе говорится: «*до того как начался отсчет времени*».

Я хочу указать вам на три вещи относительно вашего призвания. Если вы спасены, то это относится к вам.

Во-первых, ваше призвание — является святым призванием, это то, на что вам следует обратить все свое внимание. Это то, чему вы должны дать первое место во всех областях своей жизни. Ваше призвание свято, священно, и именно так вам нужно к нему относиться. Вы ничему не должны позволить встать между вами и призывом и целью Божьей в вашей жизни.

Во-вторых, Павел говорит, что это не от наших дел, но по Божьему изволению, цели и благодати. Итак, наше призвание и наши способности исполнить его не зависят от наших естественных способностей. Это очень важно. Возможно, вы говорите: *«Как же Бог мог призвать меня делать то или это — быть евангелистом или миссионером, или кем бы то ни было, врачом или медсестрой. Как Бог мог призвать меня к этому? У меня нет на это способностей».* Но это не зависит от ваших способностей. Это зависит от Божьей благодати.

В действительности, Божья благодать начинается там, где заканчиваются ваши способности. Пока вы справляетесь сами, пока у вас есть все, что вам нужно, вам не нужна Божья благодать. Итак, никогда не отвергайте Божий призыв из-за того, что вы чувствуете себя неспособным к этому.

На самом деле, почти каждый человек, кого Бог призывал в Библии, чувствовал себя неспособным на это. Это хороший знак, когда вы чувствуете себя неспособным. Когда я слышу человека, который говорит: *«Конечно же, я могу сделать все, что Бог говорит мне делать»*, то всегда ставлю под вопрос, на самом ли деле такой человек призван Богом. Первое, что происходит, когда мы призваны, это то, что мы видим свою неспособность, и это напоминает нам в благодати и милости Божьей. Итак, помните, это не зависит от ваших способностей, но от Божьей благодати.

В-третьих, — третий факт, на который я хочу указать, это то, что вы призваны выполнить цель, задуманную еще до начала времени. И снова это очень радует меня. Сегодня я вижу так много людей, которые просто плывут по течению в реке времени. У них нет никакого якоря, у них нет никакого прошлого, у них нет никакого будущего. Они подобны поплавку, который качается вверх-вниз на волнах, потому что они никогда так и не обрели видения вечного Бога, у Которого был план для них еще до начала времен, и Который в определенное время поставил их перед Своим планом, когда Он призвал их.

Итак, это требует от нас ответа. Я думаю, что это очевидно. И Второе послание Петра 1:10-11 описывает надлежащий ответ:

> *Посему, братия, более и более старайтесь делать твердым ваше звание и избрание; так поступая, никогда не преткнетесь, ибо так откроется вам свободный вход в вечное Царство Господа нашего и Спасителя Иисуса Христа.*

Вы призваны, Бог исполнил Свою часть. Вам надо отреагировать. Как, по словам Петра, нам надо ответить? Тем, что пожелать делать наше звание и избрание твердым. Если бы мне нужно было суммировать это одной фразой великое единственное основное требование для исполнения вашего призвания, то я бы сказал, что это *целеустремленность* или *целостное мышление*. Вам нужно быть целеустремленным, вам надо иметь одну цель, цельное, не двоящееся мышление, вам нужно сказать, как Павел: *«Только одно я делаю — я стремлюсь к цели. Я не собираюсь отвлекаться на что-то другое».*

8

ПЯТЫЙ ЭТАП: СПАСЕНЫ

Итак, мы рассмотрели семь этапов Божьего плана, которые должны осуществиться в жизни каждого из нас. В предыдущих разделах я говорил о первых четырех этапах: 1) *Бог предузнал нас,* 2) *Он избрал нас,* 3) *Он предопределил нас,* и затем 4) *Он призвал нас.*

Именно об этом я говорил в прошлый раз, — о Божьем призвании. Я объяснил, как вечная цель Бога проявляется из вечности во время и оказывает влияние на наши жизни, когда мы встречаемся с Божьим призывом. И в этот момент мы должны ответить. Мы не должны были как то реагировать на первые три этапа, поскольку они происходили в вечности. Но в этот момент от нас требуется ответ. И если мы реагируем правильно, то результатом является спасение. Это утверждает Павел во Втором послании к Фессалоникийцам 2:13-14: *«Бог от начала... избрал вас ко спасению, к которому* (т.е. ко спасению) *и призвал вас благовествованием нашим...»* Итак, ответ на Божий призыв вводит нас во спасение.

Затем я указал, что когда мы спасены, то мы спасены для того, чтобы выполнить призвание Бога, которое Бог имел для нас от вечности. Павел говорит во Втором послании Тимофею 1:9:

...Спасшего нас и призвавшего званием святым, не по делам нашим, но по Своему изволению и благодати, данной нам во Христе Иисусе прежде вековых времен...

Итак, исходя из вечности, план Божий проявляется в наших жизнях в Его призыве, и когда мы отвечаем на Его призыв положительно, то мы входим в Божье спасение, а Его спасение открывает для нас путь для исполнения нашего призвания.

Сейчас я хочу говорить о том, что это означает, войти во спасение через ответ на Божий призыв.

Во-первых, позвольте мне привести вам очень простые требования для спасения в Новом Завете. Они указаны Павлом в одном стихе, Послание к Римлянам 10:9:

Ибо если устами твоими будешь исповедывать Иисуса Господом и сердцем твоим веровать, что Бог воскресил Его из мертвых, то спасешься...

Видите, вам нужно сделать всего две вещи. Прежде всего, вам нужно сердцем поверить в Новый Завет, который говорит о том, что Бог воскресил Иисуса из мертвых. Но этого не достаточно. Чтобы согласиться с тем, что говорит Бог, вам нужно подчиниться Господству Иисуса в вашей жизни. Вам необходимо лично исповедать Иисуса Господом. Итак, эти два действия вместе — верить в сердце и исповедовать устами — вводят вас во спасение.

Теперь, что для вас делает спасение? От чего вы спасены? Позвольте мне указать, что вы спасаетесь, по крайней мере, от четырех вещей, которые все связаны с грехом. Прежде всего, мы спасены от греха, но мы также спасены от связанной с ним вины, осуждения, силы и осквернения. Это так важно, что я повторю это еще раз. Спасение от греха, от его вины, от его осуждения, от его силы, от его осквернения.

Спасение — это процесс, который происходит внутри нас, и в Послании Титу 3:5 Павел описывает этот процесс спасения: *«Он (Бог) спас нас (обратите внимание) не по делам праведности, которые бы мы сотворили ...»* Мы не достигаем спасения через те добрые дела, которые по-нашему мнению, мы сделали. Дела стоят отдельно и не приносят спасение. Затем написано: *«... а по Своей милости ...»* Спасение приходит от Божьей милости, не от нашей праведности. И вот как это происходит. Павел продолжает: *«...банею возрождения и обновления Святым Духом».*

Итак, процесс спасения включает в себя три вещи: 1) *омытие,* 2) *возрождение и* 3) *обновление.* Давайте кратко посмотрим на все три момента по порядку.

Во-первых, омытие (баня) или очищение. Грех оскверняет. Мы грязны, внутренне грязны. Нам нужно очиститься. И есть только одно, что может очистить грешника — это кровь Господа Иисуса Христа, которая очищает нас от всякого греха. Как мы можем принять это очищение? Апостол Иоанн говорит нам в Первом послании Иоанна 1:9:

Если исповедуем грехи наши, то Он (Бог), будучи верен и праведен, простит нам грехи наши и очистит нас от всякой неправды.

Обратите внимание, Он не просто прощает прошлое, — что уже само по себе чудесно, — но Он также очищает нас от осквернения грехом. И в той же главе Иоанн говорит, что это кровь Иисуса, Божьего Сына, очищает нас.

Затем Павел сказал, что вторая часть этого процесса — это *возрождение* или другими словами, *новое рождение*. Мы посмотрим на слова Иисуса, сказанные Никодиму в Евангелии от Иоанна 3:3:

Иисус сказал ему (Никодиму) в ответ: истинно, истинно говорю тебе, если кто не родится свыше, не может увидеть Царствия Божия.

В другом переводе говорится *«родится снова»*. Это рождение, которое приходит свыше, из сферы обитания Самого Бога. Затем немного дальше, в Евангелии от Иоанна 3:6, Иисус говорит:

Рожденное от плоти есть плоть, а рожденное от Духа есть дух.

Итак, когда вы родились от вашей мамы,

это было рождением вашей плотской натуры, вашего физического тела, и всего, что ему присуще. Это не то рождение, которое вводит нас во спасение. Но это делает рождение от Духа, — Духа с заглавной буквы «Д», т.е. Святого Духа. Мы должны принять рожденную в нас совершенно новую жизнь от Духа Божьего свыше. Это возрождение, или второе рождение.

Затем Павел использует выражение «обновление». Нам необходимо стать новым творением. Павел говорит в Втором послании к Коринфянам 5:17:

Итак, кто во Христе, тот новая тварь; древнее прошло, теперь все новое.

Слово «творение» важно. Видите ли, есть только один Творец — это Бог. Люди могут производить, люди могут чинить, могут изготовлять, но человек не может сотворить, и наши сердца и все наше внутреннее существо было настолько осквернено и извращено грехом, что ремонт не поможет, и починка не принесет пользы. Только одно может помочь, и это новое творение.

В Ветхом Завете в Псалме 50:12, после того, как Давид впал в прелюбодеяние, совершил убийство, и предстал перед ужасным состоянием своего собственного сердца, он воззвал к Богу в агонии: *«Сердце чистое сотвори во мне!»* Он знал, что это должно было придти от Бога. Никакие человеческие процедуры не дали бы ему этого.

Итак, вот три стороны процесса спасения: 1) *омовение* или очищение, 2) *возрождение* или новое рождение, 3) *новое творение*. Бог делает то, что человек сделать не в силах. И это Божья милость, а не Его правосудие. Все это не по делам праведности, которые бы мы совершили, не возможно достичь этого, это должно придти из суверенной милости Божьей.

Затем, спасение — это переход, имеющий решающее значение в жизни человека. Во-первых, от смерти к жизни. Иисус сказал в Евангелии от Иоанна 5:24:

Истинно, истинно говорю вам: слушающий слово Мое и верующий в Пославшего Меня имеет жизнь вечную, и на суд не приходит, но перешел от смерти в жизнь.

Этот переход от смерти в вечную жизнь — это спасение. И затем, это переход от тьмы к свету. Павел говорит в Послании к Ефесянам 5:8:

Вы были некогда тьма, а теперь - свет в Господе...

И это переход из детей гнева в детей Божьих. Павел говорит в Послании к Ефесянам 2:3, что все мы (включая самого Павла) *«были по природе чадами гнева».*

Но в Евангелии от Иоанна1:12 говорится о принявших Иисуса:

А тем, которые приняли Его, верующим во имя Его, дал власть быть ча-

дами Божиими...

Это переход от чада гнева к чаду Божьему, и здесь указано действие, которое имеет решающее значение в этом — это принятие Иисуса. Это не присоединение к церкви, это не попытка начать жизнь с чистого листа, это не искренние обещания, это не благие намерения, это не решение попробовать все еще раз — но принятие Иисуса.

Итак, у нас есть два класса людей. Говоря о материальном богатстве в мире, мы часто упоминаем «имущих» и «неимущих», но в духовной сфере у нас также есть «имеющие» и «не имеющие». Первое послание Иоанна 5:11-12:

> *Свидетельство сие состоит в том, что Бог даровал нам жизнь вечную, и сия жизнь в Сыне Его* (в Иисусе, и только в Иисусе). *Имеющий Сына Божия имеет жизнь; не имеющий Сына Божия не имеет жизни.*

Итак, где вы находитесь? Имеете ли вы Иисуса? Только в Нем вы имеете вечную жизнь. Если вы не имеете Иисуса, если вы не принимали Его, то у вас нет жизни. Вы «имеющий» или вы «не имеющий»? Это жизненно важное решение, жизненно важный вопрос, который вам необходимо решить для самого себя.

9

ШЕСТОЙ ЭТАП: ОПРАВДАНЫ

Итак, мы говорили о семи этапах общего Божьего плана, которые приводят нас в полноту Его спасения и Его Божественного предназначения. Начальные этапы были совершены в вечности. Затем был четвертый этап, он проявился из вечности во времени — Бог призвал нас. И когда мы правильно ответили на Божий призыв, Он спас нас. Это пятый этап — спасение. Я говорил о том, что это спасение от греха, от его вины, его осуждения, его силы и его осквернения. И это работа Святого Духа, описанная в трех последовательных фазах: 1) омовение или очищение, 2) возрождение или новое рождение, и 3) обновление или новое творение.

Как уже было сказано, спасение — это переход из одного состояние в другое в жизни каждого: от смерти — к жизни, от тьмы — к свету, из чада гнева — в чадо Божье. Это суть спасения, и оно основывается на исполнении двух простых требований: 1) верить в своем сердце, что Бог воскресил Иисуса из мертвых, и 2) исповедовать своими устами Иисуса Господом. Это то, что приносит спасение. Когда мы принимаем эти условия, мы можем сказать на основании Библии, что мы спасены.

К сожалению, духовная жизнь и сознание многих христиан останавливаются на этом, но Бог имеет еще две стадии. После спасения идет оправдание, а затем слава. Поэтому так важно изучить и войти в полный Божий план на всех его этапах. Иначе вы можете остаться несовершенными, вы не закончите своего пути, вы не достигните пункта назначения.

Итак, сейчас я буду говорить о шестом этапе: *Бог оправдал нас*. Спасение ведет к оправданию. И нам нужно понимать, что означает слово «оправдание». Это похоже на другое слово, с которым мы встретились ранее: «предопределение». Слово «оправдание» — это немного пугающее богословское слово, и люди склонны избегать его. И напрасно, потому что на самом деле одна из самых славных истин Нового Завета, а в действитсльности и всей Библии — это оправдание.

Что значит быть оправданным? Это имеет целый ряд значений. Во-первых, это означает *быть оправданным в преступлении*. Это вердикт небес на вашу жизнь: «невиновен». Это означает *посчитать праведным* — Бог вменяет вам праведность. Но это также означает — *сделан праведным*. Не останавливайтесь только на засчитанной праведности, вы должны быть сделаны праведным.

Вот мое маленькое объяснение оправдания, которое я часто привожу: «*Оправдан, значит как будто я никогда не грешил»*, потому что я сделан праведным праведностью Божью, которая никогда не знала греха, в которой нет ни тени вины, у нее нет прошлого, которое нуждалось бы в прощении. Я стал праведным праведностью Божьей. Вот что означает оправдание.

Это ответ на заданный Иовом вопрос в Книге Иова, — вероятно, самой старой книге Библии. Иов был потрясен, и он сказал: *«Как может смертный человек оправдаться перед Богом?»* Это очень глубокий, важный вопрос. Друзья Иова, которые на самом деле не очень помогли ему, похоже придерживались такой точки зрения, что никто из людей не сможет оказаться праведным перед Богом. Но, слава Богу, Иов все-таки хотел получить ответ на свой вопрос, который возможно выглядел глупым. У него не было ответа, но он не хотел оставить этот вопрос.

Теперь, если вы хотите найти ответ на этот вопрос в одной книге Библии, то вам нужно обратиться к посланию Павла к христианам Рима. Вот ответ на вопрос, который полностью звучит так: *«Как может смертный человек быть праведным перед Богом?»* Позвольте мне прочитать Послание Римлянам 3:21-24. Обратите здесь внимание, какое ударение делается на праведности:

Но ныне, независимо от закона, явилась правда (праведность и праведность — это одно слово в оригинале Нового Завета — примеч. переводчи-

ка) *Божия, о которой свидетельству-*
ют закон и пророки, правда (праведность) *Божия через веру в Иисуса Хри-*
ста во всех и на всех верующих, ибо
нет различия, потому что все согре-
шили и лишены славы Божией, полу-
чая оправдание даром, по благодати
Его, искуплением во Христе Иисусе...

Какие глубокие слова! Обратите внимание, как мы были оправданы, то есть засчи-
таны праведными. Праведность приходит как
дар, мы не можем ее заработать. Это по Божьей благодати, а не по нашим усилиям. И
это через искупление, которое было предусмотрено через жертвенную смерть Иисуса
Христа за нас. Затем Павел идет немного
дальше в Послании к Римлянам 5:1:

Итак, оправдавшись верою, мы име-
ем мир с Богом через Господа нашего
Иисуса Христа...

Обратите внимание, мы получаем это
оправдание, эту праведность от Бога как дар
по вере. Не делам, лишь по вере. Если вы
попытаетесь заслужить это, то так никогда и
не получите. Вам нужно верить. Это проблема многих религиозных людей, они пы-
таются заслужить Божью праведность, которую нельзя заслужить.

Затем, в Послании к Римлянам 5:17 Павел сравнивает последствия греха Адама с
праведностью Христа, и он говорит так:

Ибо если преступлением одного (т.е.
Адама) *смерть царствовала посред-*

ством одного (Адама), *то тем более приемлющие обилие благодати и дар праведности будут царствовать в жизни посредством единого Иисуса Христа.*

Обратите внимание, Павел говорит о принятии обилия благодати и дара праведности. Опять мы видим, что праведность предлагается нам Богом как дар на основании спасения. Когда вы спасены, то Бог предлагает вам праведность, как дар. Основанием для этого является обмен, который произошел, когда Иисус умер на кресте. Иисус занял место грешника, неправедного, нечестивого. Он понес осуждение грешника, Он страдал наказанием грешника. Но другая сторона этого — это обмен, который Бог теперь предлагает нам, и это утверждает Павел в очень сжатой форме во Втором послании к Коринфянам 5:21:

Ибо не знавшего греха (Иисуса) *Он* (Бог) *сделал для нас жертвою за грех, чтобы мы в Нем сделались праведными пред Богом.*

Вы видите обмен? На Иисуса на кресте был возложен грех нашей греховности. Поэтому Он и умер, потому что плата за грех — смерть. Но в свою очередь, когда мы верим в это и когда мы спасены через это, тогда мы получаем во Христе праведность Божью.

Поразмышляйте об этом. Если вы чувствуете в себе беспокойство, или вину, или неуверенность, просто ухватитесь верой за этот факт, что вы через веру в Иисуса Христа стали праведными перед Богом. Подумайте о праведности Божьей, — о той праведности, которая никогда не грешила, которая не имеет вины, не имеет темных пятен прошлого. Это полная праведность во всем. Сатана может своими обвинениями разорвать вашу собственную праведность на части, но он ничего не может сказать против праведности Божьей.

В Ветхом Завете, в Книге пророка Исаии, есть самая прекрасная картина спасения и оправдания. Я не устаю подчеркивать: не останавливайтесь только на принятии спасения, осознайте то, что вы получили также и оправдание. Итак, вот пророческая картина того, что даст спасение Божьему народу. Книга пророка Исаии 61:10, где пророк говорит:

Радостью буду радоваться о Господе, возвеселится душа моя о Боге моем...

Это настоящее восхищение. Я задаюсь вопросом, много ли спасения имеет человек, которого никогда не восхищает его спасенье. Возможно, я не должен судить. Но в Библии я нахожу то, что люди, знавшие, что такое спасение, радовались об этом. Исаия говорит:

Радостью буду радоваться о Господе, возвеселится душа моя о Боге моем...

Это очень сильные слова. По какой причине?

...ибо Он облек меня в ризы спасения, одеждою правды одел меня...

Спасение — это первая стадия; праведность — вторая стадия. Когда Бог дарует вам ризы спасения, то не отказывайтесь от одежды праведности. Почему вы не должны иметь ее? Это Его праведность. Вы не можете ее заслужить. Это дар.

Здесь есть самые прекрасные слова: *«Бог одел меня одеждою праведности»*. Он покрыл меня всего. Не видно ничего от моей старой плотской натуры. Не осталось ничего из моего прошлого, к чему мог бы прицепиться дьявол. Бог покрыл меня всего от головы до ног одеждой Его праведности.

Затем, праведность принимается как дар, но мы не можем оставить все как есть. Опять-таки, от меня требуется ответная реакция. Мы должны проявить то, что поместил в нас Бог. Павел говорит об этом очень ясно в Послании Филиппийцам 2:12-13:

> *...Со страхом и трепетом совершайте свое спасение, потому что Бог производит в вас и хотение и действие по Своему благоволению...*

Итак, нам необходимо проявить то, что Бог поместил внутрь нас. Если мы не будем проявлять это, то Бог больше не сможет ничего сделать. Бог делает столько, сколько мы проявляем в нашей жизни. И если мы проявляем это, то Бог продолжает вкладывать это в нас.

И вот картина окончательного результата — картина Невесты Христа в Откровение 19:7-8:

Возрадуемся и возвеселимся и воздадим Ему (Богу) славу; ибо наступил брак Агнца, и жена Его приготовила себя (Его жена, невеста — это Церковь). *И дано было ей облечься в виссон чистый и светлый; виссон же есть праведность святых* (или «праведные дела святых»).

Видите, мы перешли здесь от вмененной праведности к праведности проявленной в делах. Мы не начинаем с наших праведных дел. Мы начинаем с праведности, которую Бог вменяет нам на основании нашей веры во спасение. После этого мы проявляем то, что производит в нас Бог, и это становится *«праведными делами святых».* И это будет нашей одеждой на всю вечность. Брат и сестра, я надеюсь, что у вас действительно будут праведные дела, в которые вы сможете облечься, иначе вы окажетесь в очень неловком положении в вечности.

10

СЕДЬМОЙ ЭТАП: ПРОСЛАВЛЕНЫ

Итак, мы разбирали Божий план для наших жизней от вечности, — через время, — в вечность, и мы видели, что он раскрывается в семи последовательных стадиях. Мы уже рассмотрели первые шесть этапов, и я просто кратко перечислю их. Первые три этапа имели место в вечности, до начала времени: 1) *Бог предузнал нас*; 2) *Он избрал нас*; 3) *Он предопределил нас*; четвертый этап выходит из вечности во время: 4) *Бог призвал нас*. И когда мы правильно реагируем на Божий призыв, то следует пятый этап: 5) *Бог спас нас*. И затем шестой этап: после спасения, 6) *Бог оправдал нас*. Об этом шла речь в предыдущем разделе.

Сейчас мы будем рассматривать седьмой и последний этап: *Бог прославил нас*.

Павел говорит (Рим. 8:30): *«кого Бог оправдал, тех и прославил»*. Итак, Павел не останавливается на том, что Бог спас нас, а потом оправдал нас, но он переходит дальше к тому факту, что Бог прославил нас.

Очень важно увидеть, что все это находится в прошедшем времени. Вы верите, что Бог спас вас, — это прекрасно. Вы также можете верить на основании тех же мест Писания, что Бог оправдал вас. И если вы можете поверить, что Бог оправдал вас, то на основании тех же мест Писания, вы можете уверовать в то, что Бог прославил вас. Не отодвигайте это в будущее. В будущем нас ожидает нечто чудесное, но быть прославленными, — это относится к нам сейчас, здесь, во времени, в этой жизни. Итак, спасение ведет к оправданию, а оправдание ведет к славе.

В прошлый раз я дал определение оправданию. Я суммировал это в моем любимом выражении. Быть оправданным означает, что как будто я никогда не грешил, мне вменилась Божья праведность как дар на основании моей веры во Христа.

Какое определение мы можем дать слову «прославлен» или «прославление»? Я бы сказал, что быть прославленным (или войти в славу) означает разделить со Христом Его славу. Иисус, перед тем, как пойти на крест, пророчески молясь Отцу, сказал о Своих учениках (Иоан. 17:22): *«Славу, которую Ты дал Мне, Я дал им»*. Обратите внимание, это не произойдет когда-то, это уже произошло. Это стало доступным через Его жертвенную смерть и триумфальное воскресенье.

Позвольте мне сказать это еще раз: когда вы входите в полноту Божьего плана, то вы можете сделать три утверждения: 1) Бог спас меня, 2) Бог оправдал меня, 3) Бог прославил меня, — и использовать для всего этого прошедшее время, — не будущее, а прошедшее. Это уже произошло. Это уже сейчас ваше.

Мы оправданы через воскресение Иисуса Христа. Павел объясняет это в Послании к Римлянам 4:22. Он говорит о том, что Авраам поверил Богу, и Писание говорит, *«потому и вменилось ему в праведность»*. Затем он продолжает (22-25):

> *Потому и вменилось ему* (т.е. Аврааму) *в праведность. А впрочем не в отношении к нему одному написано, что вменилось ему, но и в отношении к нам; вменится и нам, верующим в Того, Кто воскресил из мертвых Иисуса Христа, Господа нашего, Который предан за грехи наши и воскрес для оправдания нашего.*

Иисус Своей смертью заплатил за наши грехи, но когда Он воскрес из мертвых, то это было для того, чтобы принести нам оправдание. И когда Бог воскресил Иисуса из мертвых, Он отменил приговоры двух человеческих судов: 1) светского суда римского наместника и 2) религиозного иудейского суда. Оба суда приговорили Иисуса к смерти и наблюдали за тем, как приговор был приведен в исполнение.

Но на третий день, когда камень был отвален от гробницы, когда Бог воскресил Иисуса из мертвых и вывел из гроба, Бог отменил приговоры двух человеческих судов. Тем самым, Он сказал следующее: *«Это дей-*

ствительно Мой Сын. Это действительно обещанный Мессия. В Нем не было греха. Он полностью праведен. Узы смерти не могли удержать Его».

Итак, воскресение послужило доказательством праведности Иисуса. Но оно доказывает также и нашу праведность, потому что наша вина была возложена на Иисуса, и Он умер за нашу вину. Поэтому когда мы верим в Него, тогда Его праведность вменяется нам. А поскольку Он получил подтверждение через Свое воскресение, то и наши права подтверждены Его воскресеньем.

Но Бог не остановился на воскресении. Он берет нас из воскресения в вознесение, и благодаря вознесению мы не только оправданы, но мы и прославлены. Позвольте мне сказать это еще раз: *Мы оправданы через воскресение Иисуса, мы прославлены через вознесение Иисуса.*

Павел очень ясно говорит об этом в Послании к Ефесянам 2:4-6:

> *Бог, богатый милостью, по Своей великой любви, которою возлюбил нас, и нас, мертвых по преступлениям, оживотворил со Христом, – благодатью вы спасены, – и воскресил с Ним, и посадил на небесах во Христе Иисусе...*

Обратите внимание, что три сделанных Богом действия упомянуты в прошедшем времени: 1) Он оживил нас со Христом, 2) Он воскресил нас со Христом, — но не останавливайтесь на этом, — 3) Он посадил нас с Ним на Небесах. На чем сидит Иисус? Он сидит на Престоле Бога. Если мы посажены с Ним, то на чем мы сидим? На Престоле Божьем. Один перевод говорит так: *«Он возвел нас на престол с Ним»*. Это показывает истину.

Это все является результатом нашего отождествления с Иисусом в Его смерти, погребении, воскресении и вознесении. Через Его воскресение мы оправданы. Но через Его вознесение мы прославлены. Мы находимся во славе с Ним. Все это находится в прошедшем времени.

Ранее мы уже говорили о том, как Иов задавался вопросом: *«Как может смертный человек быть праведным перед Богом?»* В Книге Иова есть также пророческое место, и я уверен, что произнесший эти слова человек не до конца понимал их значения, но это так прекрасно. Книга Иова 36:7:

> *Он (Бог) не отвращает очей Своих от праведников...*

И помните, что это значит *вас*, потому что вы стали праведными по вере в Иисуса Христа.

> *Он не отвращает очей Своих от праведников, но с царями навсегда посаждает их на престоле, и они возвышаются.*

Не прекрасно ли это? Это не только воскресение, — это прославление, это возведение на престол. Видите, это тайная скрытая премудрость Божья. Павел говорит об этом в Первом послании Коринфянам 2:1-2:

И когда я приходил к вам, братия, приходил возвещать вам свидетельство Божие не в превосходстве слова или мудрости, ибо я рассудил быть у вас незнающим ничего, кроме Иисуса Христа, и притом распятого...

Прежде всего, Павел отложил в сторону все естественное, человеческое, интеллектуальное, академическое знание. Затем он говорит, что есть другой вид мудрости, с которой мы имеем дело. Стихи 6-8:

Мудрость же мы проповедуем между совершенными, но мудрость не века сего и не властей века сего преходящих, но проповедуем премудрость Божию, тайную, сокровенную ...

Не прекрасны ли эти слова? *«Тайная и сокровенная премудрость Божья».* Не хотелось бы и вам знать это?

...которую предназначил Бог прежде веков к славе нашей...

Обратите внимание. До начала времени у Бога был этот чудесный план, состоящий из семи этапов, и последним этапом было прославление, но это приходит через тайную сокровенную премудрость Божию. Это не открывается естественному плотскому уму, это не приходит через чтение книг.

Через что это приходит? Через крест. Через познание Иисуса Христа, и познание

Его распятого. Крест — это единственная дверь к тайной сокровенной премудрости Божией. Ключ заключается в нашем отождествлении. Иисус отождествил Себя с нами в нашей вине, и понес наше наказание. И мы верим, что мы отождествлены с Ним в Его смерти, Его погребении, Его воскресении и Его вознесении. И когда мы проходим вознесение, то мы входим во славу вместе с Ним. Цель этой мудрости в нашем прославлении, и это относится к нашим жизням здесь и сейчас. Это определяет наше отношение и наш стиль жизни. Когда вы увидите это, вы будете жить по-другому.

Павел указывает на это в Послании к Колоссянам 3:1-4:

> *Итак, если вы воскресли со Христом, то ищите горнего, где Христос сидит одесную Бога; о горнем помышляйте, а не о земном. Ибо вы умерли, и жизнь ваша сокрыта со Христом в Боге.*

Помните, я обещал вам место полной уверенности и безопасности в Боге? Вот оно: *вы умерли.* Когда Иисус умер на кресте, это положило конец всей той старой грешной жизни. Теперь *вы воскресли с Ним, вы возведены на престол с Ним, — ваша жизнь сокрыта со Христом в Боге.* Могли ли бы вы представить более безопасное место, чем иметь жизнь, сокрытую со Христом в Боге? Какой вред можно причинить вам? Какое зло может коснуться вас? Что может сделать сатана против вас? Когда вы осознали, что ваша жизнь сокрыта со Христом в Боге. И затем Павел продолжает:

Когда же явится Христос, жизнь ваша, тогда и вы явитесь с Ним во славе.

Просто ухватитесь за этот факт: *Христос — ваша жизнь.* Эти три простых слова могут изменить все ваше восприятие жизни. Это вершина чудесного Божьего плана. Не лишайте себя этого. Это место полной безопасности и уверенности.

ДЛЯ ЗАМЕТОК

ДЛЯ ЗАМЕТОК

Дерек Принс
ВЕХИ МОЕЙ ЖИЗНИ

УВЕРЕННОСТЬ В БОЖЬЕМ
ИЗБРАНИИ

Подписано в печать 03.12.2010г. Формат 84×108$^{1}/_{32}$
Печать офсетная. Тираж 10 000 экз.
Заказ № 2888 (10173А)

Отпечатано в типографии "Принткорп",
ЛП № 02330/04941420от 03.04.02009.
Ул. Ф.Скорины 40, Минск, 220141. Беларусь.